I0136693

NOTRE-DAME DU MONT

A SAINT-HIPPOLYTE

(DOUBS)

MANUEL DU PÈLERIN

PAR L'ABBÉ LOYE

CURÉ DE FLEUREY-LEZ-SAINT-HIPPOLYTE

Fundamenta ejus in montibus sanctis.
Le Seigneur a affermi le trône de
Marie sur la montagne sainte.
(Ps. LXXXVI, 1.)

BESANÇON

IMPRIMERIE DE PAUL JACQUIN

Grande-Rue, 14, à la Vieille-Intendance

1884

I7K
24072

69

18 84

1k7
24072

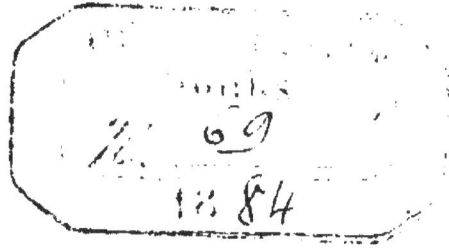

NOTRE-DAME DU MONT

Imprimatur.

Vesontione, 24 decembris 1883.

✝ JOSEPH, *arch. Bisunt.*

NOTRE-DAME DU MONT

A SAINT-HIPPOLYTE

(DOUBS)

MANUEL DU PÈLERIN

PAR L'ABBÉ LOYE

CURÉ DE FLEUREY-LEZ-SAINT-HIPPOLYTE

Fundamenta ejus in montibus sanctis.
Le Seigneur a affermi le trône de
Marie sur la montagne sainte.
(Ps. LXXXVI, 1.)

BESANÇON

IMPRIMERIE DE PAUL JACQUIN
Grande-Rue, 14, à la Vieille-Intendance

1884

NOTRE-DAME DU MONT

Parmi les contrées chères à Marie, la province de Franche-Comté, plus grande en piété qu'en territoire, peut revendiquer un des premiers rangs. Chaque siècle y a vu naître des saints; mais le culte de Marie y est de tous les siècles. Chaque église a ses protecteurs et patrons, Marie étend son sceptre et abaisse ses regards maternels sur toutes nos églises à la fois. Partout où règne Jésus, Marie gouverne. C'est pourquoi nous n'avons point de villes chrétiennes où les fidèles ne

viennent à l'audience de la Mère avant
de se présenter à son Fils, et où cette
Mère n'écoute et n'apostille leurs
humbles suppliques. C'est assez sou-
vent dans quelque coin retiré et secret qu'on implore cette intercession
toute-puissante, au détour d'un chemin, dans le creux d'une vallée, aux
portes d'une cité qui se peuple et d'une
paroisse qui commence ; mais si Marie
veut faire éclater la puissance de son
sceptre, elle s'établit tantôt au sommet d'une montagne, tantôt à mi-
chemin, sur une esplanade d'où le
regard embrasse un vaste horizon, et
qui semble faite pour servir de marchepied au trône d'une grande reine.
C'est ainsi qu'elle a choisi pour un
de ses trônes les hauteurs dominant
la vallée de Saint-Hippolyte, un des
lieux les plus chers à l'histoire et les

plus favorisés de la nature. L'histoire du pays n'a rien de plus ancien ni de plus intéressant que ces vieux débris du château des princes de la Roche, ces antiques annales de Saint-Hippolyte, chef-lieu de leur seigneurie. La nature n'a rien de plus pittoresque ni de plus charmant que cette vallée où s'opère la jonction de trois gorges profondes formées par de hautes montagnes couvertes de bois et de rochers taillés à pic, ces deux rivières qui, après avoir été à leurs sources si rapides et si profondes, adoucissent en s'élargissant la pente de leur cours pour faire goûter à tant de belles campagnes la fécondité de leurs eaux.

Marie a pris possession de ce trône sans éclat et sans bruit ; mais tout explique le choix qu'elle a fait. C'est sur le bord du chemin que doit suivre le voyageur, soit qu'il descende à Saint-Hippolyte, soit qu'il en sorte pour remonter sur la montagne. C'est la première halte du retour, c'est la dernière station avant d'entrer dans la ville. Quelle halte plus propice au repos et à la prière ! C'est de cette vaste esplanade que Marie étend son sceptre sur la contrée. Elle en protège les habitants, elle y demeure populaire parmi les générations qui viennent successivement solliciter ses faveurs en l'invoquant sous le nom de Notre-Dame du Mont. Sur ces hauteurs qu'elle a choisies et qu'elle aime, elle accueille, soutient et bénit ses enfants. Du berceau jusqu'à la tombe, elle les attire auprès d'elle, tempérant leur joie, consolant leur tristesse, renouvelant leur piété, comblant leurs vœux.

Le pèlerinage de Notre-Dame du

Mont ne date pas d'hier : témoin cette statue si consumée de vieillesse, si vermoulue, mais si vénérable, si chère à notre foi, et dont la matière, la couleur, le style, le caractère et les traits rappellent la plus haute antiquité. C'est une précieuse relique du quinzième siècle. Cette vénérable image est simple, mais sa simplicité même fait ressortir sa vertu ; elle est de ce bois qui vaut mieux que l'or, car c'est un bois qui console et qui bénit.

La Vierge du Mont était chère à nos ancêtres. Les habitants de Saint-Hippolyte ont en effet, dès les temps les plus reculés, manifesté la plus tendre dévotion envers la sainte Vierge : témoin leur chapitre, fondé en 1303 par Jean, comte de la Roche, en l'honneur de Dieu et de son auguste

Mère, et dont le sceau présente l'image de la Vierge debout portant l'enfant Jésus ; témoin le titre de Notre-Dame de l'Assomption, donné à l'église de Saint-Hippolyte, bâtie en 1356, titre que l'on retrouve, avec celui de son patron primitif, dans toutes les anciennes chartes ; témoin encore cette messe qui, chaque jour, était célébrée par un chanoine en l'honneur de Marie après la récitation de son office par le chapitre tout entier ; témoin enfin cette lampe ardente entretenue nuit et jour devant l'autel de Notre-Dame. Dès lors il n'est plus étonnant que Marie ait reconnu de bonne heure, et par une protection spéciale, la piété si tendre et si affectueuse de ses enfants.

Notre chère Notre-Dame est venue au milieu de nous portant son Fils

sur le bras gauche et le pressant sur
son cœur, pour mieux nous assurer
de son amour et de sa tendresse.
Elle reçut d'abord, et pendant des
années, les hommages de ses enfants
dans une petite niche taillée naturel-
lement dans le banc de rocher qui se
trouve au-dessous de la chapelle ac-
tuellement existante, et que la piété
des fidèles continue à orner de guir-
landes et de fleurs : souvenir vivant
du premier sanctuaire de la Vierge
bénie, et témoignage touchant du
respect et de la confiance que lui
portent les générations actuelles !
C'est là que les premiers pèlerins de
Notre-Dame du Mont venaient s'agenouiller et prier. Ils y venaient tantôt
le bâton à la main, isolés et solitaires,
tantôt bannières en tête, sous la
conduite de leurs pasteurs, et fai-

sant monter avec eux la voix des solennelles supplications. Mais leur nombre s'accroissant chaque jour au récit des grâces et des faveurs accordées par Marie, on dut pourvoir à ce redoublement de leur piété filiale. C'est alors que les bourgeois de la ville, d'accord avec les vénérables chanoines du chapitre, résolurent de construire au-dessus du rocher une chapelle pour abriter la statue de la Vierge [1]. Aussitôt décidée, aussitôt fut achevée cette pieuse construction. Le jour de Pâques de l'année 1542, la population se transporta en masse dans le nouveau sanctuaire, pour y

---

[1] Cette chapelle fut dédiée à Notre-Dame de la Visitation, en souvenir de la visite de Marie en ce lieu, comme l'indique l'inscription suivante : *Visitatio Virginis. Dominus Petrus fabricator* (1542).

chanter les louanges de la Vierge protectrice. Grande était la dévotion des
Saint-Hippolytains pour leur chère
Notre-Dame, si grande que, dans la
ferveur de leur zèle, ils oublièrent de
recourir à l'autorité diocésaine et se
firent condamner à l'amende. Cet in-
cident, loin de ralentir leur zèle, ne
fit que l'accroître ; ils firent si bien
qu'au mois de mai de la même année,
Mgr Nicolas Guérin, évêque d'Alesio
in partibus infidelium et suffragant
de Besançon, touché de leur foi, vint
lui-même faire la bénédiction de la
chapelle et du cimetière qui l'avoi-
sine.

Cette ardente piété, ce généreux
dévouement de nos pères pour Notre-
Dame du Mont, ne tardèrent pas à recevoir leur récompense. Quelques années plus tard, en effet, la réforme-

menaça de leur enlever le trésor de leur foi ; mais la bonne Vierge veilla sur eux et sut les affermir dans le respect, l'amour et les pratiques du catholicisme.

Chacun sait les dangers que courut notre chère Franche-Comté à l'époque où éclata le protestantisme et où l'hérésie, sortant de la Suisse et de l'Allemagne, la flamme à la main, essaya à plusieurs reprises l'assaut de nos montagnes. Chacun sait aussi comment Marie nous protégea et vengea son culte en multipliant ses bienfaits et en signalant partout son nom à la fois redoutable et béni. Pendant que les paysans de la terre de Saint-Claude, avec l'aide de leur glorieux patron, repoussaient les soldats armés par Calvin ; pendant que les paysans des Fourgs, soutenus par Notre-Dame de Montpetot, les précipitaient du haut de la Roche au Prêtre ; pendant que les habitants de Morteau, protégés par Notre-Dame de Remonot, changeaient leurs rochers en remparts et leurs faux à peine reposées du travail en glaives vengeurs ; pendant que Besançon, attaqué et surpris dans une nuit fameuse, mais défendu par Notre-Dame des Jacobins et nos saints patrons Ferréol et Ferjeux, renvoyait à l'hérésie terreur pour terreur et ne laissait pas dans ses murs un seul soldat ni un seul adepte de la réforme, Notre-Dame du Mont arrêtait aux portes de Saint-Hippolyte l'impiété de Luther, introduite par violence dans la principauté de Montbéliard, et qui débordait comme un torrent sur toute la contrée.

« Quatre à cinq mille soldats français et lorrains, sous la conduite du capitaine Tremblecourt, portaient de toutes parts le fer et l'incendie. Un détachement de cette troupe, composé de protestants, arrive à Montécheroux le 13 septembre 1595. Le lendemain, jour de la fête de l'Exaltation de la sainte Croix, ces militaires prennent leurs dispositions pour surprendre Saint-Hippolyte, arrêtent leur plan, se réjouissent d'avance de la réussite ; mais la Mère de Dieu, du haut de son sanctuaire du Mont, veille au salut de ses dévots serviteurs de la ville. Les ennemis descendent donc de la montagne, et, arrivés presque à l'entrée du pont du Doubs, ils sont tout à coup ensevelis sous un nuage de brouillard si épais qu'ils ne s'aperçoivent plus les uns les autres. Il leur semble entendre un grand bruit dans la ville, une terreur secrète s'empare d'eux, ils craignent de se précipiter dans les eaux du fleuve. Aveuglés, épouvantés, ils reprennent en tremblant le chemin de Montécheroux. En souvenir de cet événement auquel ils doivent leur délivrance, les bourgeois de Saint-Hippolyte érigent une croix au milieu de laquelle ils incrustent une image de la Vierge, à l'entrée du canton Derrière-les-Vergers, lieu où les ennemis ont été invisiblement arrêtés. Ce monument dit la Croix du Doubs a subsisté presque jusqu'à nos jours. Afin de mieux exprimer leur reconnaissance, ils fondent par vœu, le 23 septembre 1597, une messe et une procession solennelle à la Croix du Doubs. La renommée de ce prodige accroît l'affluence des pèlerins à Notre-

Dame du Mont. Ils s'y rendent iso-
lément et en procession, surtout depuis la fête de l'Invention à celle de
l'Exaltation de la sainte Croix; alors
il n'y a pas de semaine que des prêtres
du voisinage n'y viennent célébrer
la sainte messe. » (*Extrait de la mo-
nographie de Saint-Hippolyte*, par
M. l'abbé RICHARD.)

Voilà comment, grâce à la protection toute-puissante de Notre-Dame
du Mont, Saint-Hippolyte et les pays
voisins furent préservés de l'invasion
de la réforme et nos pères ne con-
nurent point ses railleries et ses blas-
phèmes. Ailleurs, c'est un siècle de
troubles et de désordres; ici, c'est
un siècle de prières, de grâces et de
prodiges. Marie atteste, en multipliant
ses faveurs, que son cœur est toujours
celui d'une mère, et sa puissance celle

d'une reine. C'est grâce à sa toute-
puissante protection que la paroisse
de Dampjoux demeure catholique et
fidèle à la dévotion envers la Mère de
Dieu, malgré les promesses, les flatte-
ries, puis les menaces et enfin les per-
sécutions les plus violentes des comtes
de Montbéliard, qui voulaient l'en-
traîner dans l'hérésie.

Le dix-septième siècle, comme le
seizième, a eu ses épreuves pour notre
pays; mais, comme lui, il a trouvé sa
consolation et son soutien dans sa
piété et sa confiance en Notre-Dame
du Mont. Les troupes suédoises, qui
venaient de conquérir les seigneuries
de Delle et de Belfort, et occupaient le
pays de Montbéliard, menaçaient sans
cesse de s'emparer de Saint-Hippolyte.

« Cependant la ville ne fut pas atta-
quée pendant les années 1635 et

1636. Les bourgeois virent en cela une protection spéciale du ciel, et, dans l'élan de leur gratitude, ils fondèrent à perpétuité une procession et une messe solennelle le jour de la Présentation de Notre-Dame. On devait y porter les reliques de sainte Agnès, en qui on avait la plus grande dévotion. L'acte de cette fondation inspire la confiance la plus reconnaissante envers la bonté divine et les sentiments les plus tendres pour la Mère de Dieu. Ce vœu, inexécuté pendant plusieurs années, à cause du malheur des temps, fut renouvelé au mois de novembre 1668, après l'invasion de Louis XIV, dont Saint-Hippolyte ne reçut aucun dommage ; les habitants y ajoutèrent l'obligation de chômer la fête de la Présentation de Notre-Dame, la seule où l'on travaillait dans le diocèse de Besan-

çon. Quel bel exemple de foi vive ils laissèrent aux générations suivantes !»
(M. l'abbé RICHARD.)

En 1637, Grancey attaque la ville ; mais il compte sans la valeur de ses défenseurs, qu'anime et soutient le regard de Notre-Dame. La garnison fait une sortie, attaque l'ennemi avec une telle impétuosité que tentes, bagages et deux canons tombent en son pouvoir. En vain le général paie-t-il de sa personne, il est lui-même blessé et ne trouve son salut que dans la fuite.

Quand, après, on lui représente la faiblesse de la place, il répond que les places les plus faibles valent autant que savent les défendre ceux qui sont dedans.

Quelques années plus tard, quand le cruel Suédois fera de nos montagnes

un monceau de ruines, et que le prêtre
sera, comme le peuple, sans pain et
sans asile, c'est aux pieds de Notre-
Dame qu'ils viendront tous deux cher-
cher la force de souffrir et déposer
leurs prières pour fléchir la colère de
Dieu. Et quand on apprend que le duc
Bernard de Saxe-Weimar est mort,
emporté par la peste, à Strasbourg,
avec quatre mille de ses soldats, qui
servent d'escorte à ses funérailles, un
cri de délivrance s'échappe de toutes
les poitrines ; on sent que des jours de
miséricorde sont arrivés. Cet espoir
n'est pas déçu : la guerre s'adoucit, la
peste s'éloigne, la famine cesse, et
tous les regards se tournent vers la
Vierge du Mont pour la remercier de
cette triple délivrance. C'était un vrai
sujet d'édification de voir des personnes de toutes conditions, soit de la

ville, soit des paroisses de la campagne, suspendre leurs occupations pour venir en ce lieu satisfaire leur dévotion et rendre à Marie l'hommage de leur pieuse gratitude. Ce n'était point une dévotion qui ressentît le faste ni l'éclat ; c'était une assemblée pieuse de gens de bien, qui venaient uniquement pour adorer Dieu et vénérer sa sainte Mère.

Pour retrouver l'histoire de notre miraculeuse vierge pendant le dix-septième siècle, il faudrait parcourir toute la contrée, pénétrer dans tous les foyers, ressusciter dans tous les cimetières les cendres de nos pères. Rien n'égale sa popularité. Les notes historiques que M. l'abbé Suchet, archiprêtre, curé de la basilique de Saint-Jean, a bien voulu nous communiquer, et qui nous ont fourni de précieux renseignements, nous apprennent qu'à cette époque Notre-Dame du Mont était un but de pèlerinage pour la Comté, la Suisse et l'Alsace. De tous les pays voisins on aimait à venir saluer et bénir celle que l'on appelait à bon droit la gardienne de la foi catholique. Jamais les habitants de la contrée ne quittaient leurs foyers sans venir s'agenouiller à ses pieds et lui demander de les protéger partout contre les dangers du corps et de l'âme. Ils emportaient avec eux son image, gravée au plus profond de leur cœur, comme un doux souvenir ; ce souvenir était si vivace qu'il ne les quittait jamais ; la bonne Vierge parlait toujours à leur âme de leur paroisse, de leur curé, de leur famille ; ils n'oubliaient point le jour où leur mère les avait voués à Notre-Dame. Témoin le jeune Louis Terron, de Saint-Hippolyte, étudiant en philosophie à Besançon. Etant tombé du plus haut étage de la maison qu'il habitait, il se brisa les membres. Les chirurgiens appelés pour le panser, l'ayant examiné avec tout le soin que réclamait sa triste situation, se retirèrent, déclarant leur science impuissante à le guérir et ajoutant même que le malade n'avait plus que quelques instants à vivre. Le jeune Terron, se voyant abandonné des hommes, eut aussitôt recours à Notre-Dame du Mont et à Notre-Dame des Ermites, qui lui étaient également chères. A l'instant même ses blessures se cicatrisent, ses membres se redressent. Il était guéri !

Une des causes qui contribuèrent puissamment à l'extension du culte de Notre-Dame du Mont fut l'établissement, à Saint-Hippolyte, des religieuses Ursulines. Leur couvent, fondé en 1618 par une pieuse demoiselle de la famille Dominey, demeura florissant jusqu'aux jours mauvais de la révolution. Venues de Dole, ces bonnes dames se dévouèrent pendant deux siècles à l'éducation des jeunes filles de la ville et des paroisses voisines, à la grande satisfaction de tous. Pénétrées de la plus tendre dévotion pour la Mère de Dieu, elles ne pouvaient manquer d'inspirer à leurs jeunes élèves les sentiments dont elles étaient elles-mêmes animées. Au culte de Notre-Dame elles unirent celui de sainte Agnès, comme patronne des petites filles, et la bourgeoisie, partageant cette nouvelle dévotion, fonda, le 24 mai 1624, une messe et une procession annuelles en l'honneur de cette sainte, dont l'église collégiale possédait le chef.

Pour satisfaire à la piété des fidèles, qui continuaient à venir en grand nombre prier dans le sanctuaire béni, Claude Donzelot, curé doyen de la paroisse de Saint-Hippolyte, ajouta, en 1721, à l'oratoire primitif, qui fut conservé, une nef à plafond où furent établis deux autels collatéraux ; ce qui en fit une petite église précédée d'un clocher à flèche élancée. Au-dessus de la porte d'entrée on avait placé, dans une niche, un groupe de Notre-Dame de Pitié (aujourd'hui mutilé), supporté par un ange ; l'inscription gothique qui l'entoure annonce l'époque du quinzième siècle et l'origine de la vierge miraculeuse.

Le pèlerinage à Notre-Dame du Mont s'est soutenu et même accru pendant toute la durée du dix-huitième siècle. Voici, en effet, ce que nous lisons dans la supplique du chanoine Ligier à l'archevêque de Besançon pour l'érection de la confrérie de Notre-Dame : « Il y a près de Saint-Hippolyte, à mi-côte d'une haute montagne et dans une place ouverte de toutes parts, une chapelle appelée Notre-Dame du Mont, dans laquelle, depuis un temps immémorial, les fidèles vont rendre leurs hommages à la Mère de Dieu. La longueur des temps n'a point ralenti cette dévotion, elle augmente au contraire de jour en jour, on s'y rend de tout le voisinage ; vingt-deux communautés des environs ont la coutume d'y envoyer chaque jour, depuis une des saintes Croix à l'autre, une personne de leur village respectif, pour y en-

tendre la messe et y prier pour les
besoins communs. On entend de toutes
parts publier les faveurs particulières
qu'on a obtenues dans cette chapelle
par l'intercession de la sainte Vierge.
Il était difficile, ajoutait-il, de méconn-
naître en tout cela la voix de Dieu ;
la Providence semblait déclarer assez
hautement que Dieu voulait que sa
Mère fût spécialement honorée dans
ce lieu, où elle se plaisait à exaucer
ceux qui s'adressaient à elle ; qu'il
convenait, par conséquent, d'y établir
une confrérie pour seconder la dévotion des fidèles et mettre dans le culte
qu'ils rendaient à Marie l'ordre et
la décence convenables. Il terminait
sa demande par ces mots : Rien
n'est plus édifiant que ce pèlerinage ;
on n'y a jamais remarqué le plus
léger abus ; tout s'y passe si bien

que les hérétiques eux-mêmes en sont touchés et que plusieurs sollicitent la faveur de contribuer à l'entretien et à la décoration de la chapelle. »

Mgr de Rans, évêque de Rosy et suffragant de Besançon, ayant agréé sa requête le 25 mai 1784, le vénérable chanoine établit la confrérie de Notre-Dame, qu'il unit à celle de Saint-Joseph, déjà existante, sans toutefois confondre leur culte respectif. Cette pieuse pratique, dont le but était d'honorer d'une manière spéciale la Mère de Dieu et saint Joseph, son époux, d'obtenir par leur intercession une sainte vie et une bonne mort, de maintenir l'union et la charité parmi les fidèles, de confondre et d'édifier les hérétiques en les forçant d'admirer les pratiques de notre sainte religion,

augmenta encore la vénération déjà
si grande des catholiques de la contrée
pour Notre-Dame du Mont, et lui
valut d'être respectée à l'heure de la
grande tourmente. En effet, quand
l'impiété révolutionnaire détruisait
tout sous prétexte de tout réformer,
quand la sainte hostie de Faverney
disparaissait, quand le saint Suaire de
Besançon était envoyé à l'Hôtel-Dieu
pour y être mis en pièces, quand les
tabernacles croulaient de toutes parts
sous la hache impie, un trône, un
seul trône demeurait debout dans nos
contrées : c'est le trône de Notre-Dame
du Mont.

Pendant que l'église de Saint-Hippolyte était le théâtre d'une affreuse
orgie, pendant qu'un immense bûcher,
élevé en plein jour, sur la place, en-
gloutissait et consumait, sous les yeux

de la population égarée ou tremblante, les saintes reliques et les saintes images, Notre-Dame du Mont était respectée. L'écume de cette tempête vint mourir à ses pieds. L'impiété détrôna le fils, mais elle respecta la mère ; elle abolit le roi du ciel, mais quand il fallut toucher à la reine, son regard pâlit, ses bras reculèrent, elle trembla devant la femme qui depuis le commencement a fait trembler le démon ; elle sentit s'appesantir sur elle cette parole du Seigneur : Un jour cette femme te brisera la tête. Marie demeure assise sur la montagne, son Fils dans ses bras, les yeux tournés vers les temples qui se ferment : elle y demeure dix ans, attendant que la France, sa fille chérie, revienne à elle et à l'Eglise, mais recevant pour Jésus les hommages secrets de ses

enfants et lui montrant ceux qui la
saluaient encore du cœur, du regard
et de la main. Et quand Notre-Seigneur sera rappelé dans ses tabernacles, c'est Notre-Dame du Mont qui
viendra au-devant de son Fils pour
le recevoir à la porte de son temple,
lui rendre les clefs de sa maison et
son fidèle troupeau.

Pierre Claude, gardien du sanctuaire, craignant qu'un bras sacrilège
ne vînt à s'abattre sur la sainte
image, la prit et alla la cacher à
quelques pas de là, dans la grotte de
Combotte-Ragot. Mais quel ne fut pas
son étonnement le lendemain, quand,
visitant la chapelle, il aperçut la statue de la Vierge placée sur l'autel
comme à l'ordinaire. Il comprit alors
que son zèle n'entrait point dans les
desseins du ciel et que Notre-Dame du

Mont voulait demeurer dans son sanctuaire, et veiller de là sur ses enfants
de prédilection durant les heures du
péril [1].

Chacun sait avec quelle tendre sol-
licitude elle s'acquitta de sa touchante
mission. Vous le savez bien, familles
chrétiennes, en qui la dévotion à
Notre-Dame est héréditaire, et chez
qui la confiance se transmet, avec le
récit des faveurs obtenues, du cœur
de l'aïeul aux lèvres du petit-fils. Dans
vos foyers on ne connut ni la licence
ni le blasphème ; Jésus et Marie y re-
cueillirent sans interruption les hommages de la foi ; et quand la terreur
trouvait partout des suspects, non
seulement le prêtre et le proscrit ont

[1] Nous tenons ces détails d'une personne
vivant à cette époque, et dont la précision
des souvenirs ne laisse rien à désirer.

trouvé au milieu de vous un sûr asile, mais le proscrit a toujours rencontré un guide fidèle et ami pour s'échapper à travers des chemins perdus ; le prêtre, de nombreux fidèles pour le suivre dans la forêt voisine et prendre part aux saints mystères, célébrés avant le lever du jour. Là ; le lecteur nous pardonnera d'insister, c'est un souvenir si pieux et si édifiant que nous lui rappelons : là, à la lueur d'un cierge discret dont on dissimule la clarté, pendant que les soupirs de la foi s'arrêtent sur les lèvres et que les larmes tombent en silence des yeux recueillis, le prêtre, banni au nom de la fraternité, célèbre le saint sacrifice de la messe ; il se nourrit le premier de la chair et du sang de son Dieu ; il distribue ensuite la sainte communion autour de lui, et cette

troupe vaillante se sépare, consolée,
fortifiée et prête à monter, s'il le faut,
d'un air souriant, d'un pas libre et
fier, les degrés de l'échafaud. Dans
l'exercice de cette charité et de cette
foi admirables, les bons habitants de
la contrée n'ont pas cessé d'implorer
la Vierge protectrice, qui veillait sur
eux comme sur la portion choisie de
son héritage. Voilà pourquoi ils ont
gardé leur foi, leurs mœurs, leur esprit chrétien, leur cœur généreux,
leur caractère ferme, droit et loyal.
O Notre-Dame du Mont, ce sont là
vos gloires et vos annales ; ce sont
là vos miracles. Je le proclame à
votre louange, il y en a de plus
éclatants dans ce siècle, mais je ne
sais s'il y en a de plus sensibles,
de plus durables et de plus touchants.
Devant les hommes, cette gloire est

modeste, mais elle est grande devant Dieu.

L'impiété révolutionnaire, qui a détruit bien des sanctuaires de la Mère de Dieu et fait disparaître bien des pèlerinages en son honneur, n'a que faiblement atteint Notre-Dame du Mont [1]. La paroisse de Saint-Hippolyte lui a conservé sa pieuse vénération et son inébranlable confiance ; chaque année, le dimanche dans l'octave de la Visitation, fête de Notre-Dame, elle vient solennellement visiter la montagne bénie où, il y a quatre siècles, Marie est venue, portant Jésus

---

[1] En 1801, M. Guerrand, ce généreux confesseur de la foi, ce pasteur d'une piété, d'une science et d'un zèle éminents, et dont les restes reposent dans la chapelle du Mont, rétablit la confrérie de Notre-Dame et de Saint-Joseph, à laquelle prêtres et fidèles s'empressent de s'associer.

dans ses bras, comme elle alla autrefois dans les montagnes de la Judée, portant Jésus dans ses entrailles, et s'écrie dans les transports de son admiration reconnaissante, comme autrefois Elisabeth à l'aspect de la sainte Vierge : « D'où me vient tant d'honneur et de joie, et pourquoi la mère de mon Dieu a-t-elle daigné me rendre visite ? » Il n'y a pas de semaine où quelques familles ne sollicitent la faveur d'y entendre la sainte messe. Trois lieux se disputent l'honneur de la vénérer. Notre vallée, nos plaines et nos montagnes retentissent, surtout pendant le mois de Marie, de son nom et de ses louanges. Il n'y a pas d'année où quelques traits de foi ne viennent réveiller, le long de ces pentes abruptes, la poussière de nos ancêtres ; point de jour où

notre aimable protectrice ne nous
fasse sentir sa bonté ; point de
cœur vraiment chrétien qui ne le
dise et ne le proclame : Marie est
toujours là. L'enfance la connaît et
vient jouer à ses pieds. La jeune fille
lui témoigne sa dévotion et sa confiance. C'est là qu'on apporte l'enfant
après son baptême, pour le consacrer
à Marie, après l'avoir délivré du démon par la grâce de Jésus ; là qu'on
sollicite la guérison inespérée, le
succès des grandes entreprises, la
paix d'une bonne mort. Quand le ciel
est sans chaleur ou sans rosée, quand
les espérances du laboureur semblent
trahies ou commencent à fléchir, à
qui demande-t-on, selon le besoin, où
la pluie ou le soleil? A Notre-Dame
du Mont. Quand la jeune fille éperdue
tremble pour son innocence et la mère

pour la santé de sa fille, à qui s'a-
dresse l'innocence éplorée ou la maternité au désespoir ? Toujours à Notre-
Dame du Mont. Dans le deuil comme
dans la détresse, dans les peines domestiques comme dans les calamités
publiques, le même nom demeure
sur toutes les lèvres, et tout le pays
salue, implore et bénit Notre-Dame
du Mont. La santé, la graisse de la
terre, ne sont qu'un bien fragile et pas-
sager, tandis qu'une sainte mort est
un présent du ciel ; cette grâce, Notre-
Dame du Mont l'a demandée et ob-
tenue mille et mille fois pour les in-
différents et pour les impies, pour les
justes et pour les pécheurs. Combien
d'humbles Moniques de nos villages,
après avoir longtemps pleuré sur leur
Patrice ou sur leur Augustin, ont vu
leurs larmes et leurs prières exau-

cées ! Il n'est guère dans nos paroisses de prêtre qui ne connaisse des traits édifiants et qui ne puisse les raconter. Saint-Hippolyte, Pont-de-Roide, Dampjoux, Chaux-lez-Châtillon, Fleurey, Valoreille, Vauclusotte, les Bréseux, Montandon, les Plains, Courtefontaine, Vaufrey, Soulce, Chamesol, Montécheroux, Dampvans, Villars et Blamont, toute la vallée de Saint-Hippolyte, tous les plateaux de nos montagnes, ont dans les modestes annales de ce pèlerinage plusieurs pages, plusieurs noms, plusieurs grâces, plusieurs faveurs. Ces faveurs, je les crois avec ceux qui les sollicitent et qui les obtiennent, avec le témoignage populaire qui les consacre, avec l'attestation authentique et solennelle de la reconnaissance qui les rappelle.

Après nos désastres, quand la

France entière se jetait dans les bras de Marie, dix mille pèlerins accouraient aux pieds de Notre-Dame du Mont. Il y a deux ans à peine, sur un mot du vénérable doyen de Saint-Hippolyte, mais un de ces mots que l'Esprit-Saint met quelquefois sur les lèvres du prêtre et qui font en quelques heures le tour d'une contrée : « J'irai à Notre-Dame du Mont le 31 mai, venez prier avec moi, » nous nous retrouvions trois mille pour invoquer et bénir Marie, mère de notre Dieu. Quand un tel culte enfante de tels prodiges, ce culte est bien vivant encore, et la postérité la plus lointaine ne le verra pas finir.

Nous continuons à venir vénérer notre chère Notre-Dame dans le sanctuaire qu'elle s'est choisi, comme nos pères y sont venus, parce que nous

avons la foi de nos pères. Là, nous
nous trouvons plus près du ciel, parce
que ses regards nous animent et que
ses bras nous soutiennent. Là, le premier sentiment qui pénètre l'âme
chrétienne est celui d'une vénération
profonde : c'est en effet le trône d'une
reine ; mais les yeux ne peuvent s'en
détacher, on le regarde et on y revient
toujours ; il y a je ne sais quel attrait
qui vous captive et qui vous ramène ;
ceux qui l'ont vu veulent le revoir
encore ; c'est le trône d'une mère, et
le fondement sur lequel il repose est
plus solide que le sol où il est assis ;
c'est en effet la reconnaissance et
l'amour de ses enfants. Qu'importe
que le temps ait détruit bien de pieux
souvenirs ; car il n'a rien effacé dans
le ciel de tant de grâces obtenues, de
tant de guérisons merveilleuses, de

tant de conversions qui font l'allégresse des anges et la gloire de Jésus, et Notre-Dame du Mont demeure, dans l'assemblée des élus, toute rayonnante de clarté sur l'autel que la piété de nos pères a bâti, avec les souvenirs de leur reconnaissance et les efforts de leur amour.

Jamais Notre-Dame du Mont n'est restée insensible aux prières de ses enfants ; chaque fois qu'ils se sont adressés à elle, toujours elle a laissé tomber sur eux un doux regard d'amour. Quelques-uns l'ont oubliée, méconnue peut-être ; mais qu'ils sachent bien qu'une mère ne s'étonne pas de la faiblesse de son enfant ; elle se tient toujours à la portée de cet enfant, pour lui accorder plus tôt son pardon. Qu'ils nous permettent de leur adresser un suprême appel et de leur dire en

terminant cette notice : Vous avez été
prodigues, oh ! ne soyez pas ingrats !
Portez vos regards vers la montagne
sainte où Marie vous attend. *Levavi
oculos in montes, unde veniet auxilium
mihi.* Venez vous jeter dans les bras
de votre mère ; elle vous dira : Mon
enfant, vous avez bien fait de venir :
bene ; je parlerai à Jésus de vos
épreuves, et il voudra que je vous
console ; de vos maux, et Jésus voudra que je vous délivre ; de vos combats, et Jésus voudra que je vous
donne la victoire. *Ego loquar pro te.*

Ainsi tous ensemble, d'une même
voix et d'un même cœur, nous chan-
terons les louanges et les bienfaits de
notre commune mère. C'est dans
cette douce espérance, ô Notre-Dame
du Mont, que nous avons essayé de
réveiller la poussière et les échos de

votre sanctuaire béni. Heureux, mille fois heureux, si par ce récit, que nous voudrions voir moins imparfait, il nous est donné de ranimer la piété des fidèles, de ramener ces beaux jours où nos pères venaient prier devant votre sainte image, et surtout de contribuer à l'entretien et à la décoration de votre autel. C'est votre désir, ô Notre-Dame du Mont; c'est le désir du zélé pasteur qui veille à la garde de votre culte; c'est aussi notre désir à tous, puisque tous nous sommes vos enfants.

O Notre-Dame du Mont, donnez à ce peuple robuste et chrétien, sur lequel vous étendez votre sceptre protecteur, les vertus domestiques dont vous êtes la gardienne. Donnez-lui des maris vertueux, des épouses chastes et fécondes, des enfants dociles et respectueux, des serviteurs fidèles.

Attachez-le à ses foyers, rendez-lui chaque jour plus chers sa maison, son champ, ses souvenirs, son horizon mêlé de fraîches verdures et de majestueux rochers, où la nature est si belle, la foi si vivace, l'avenir éternel si facile à attendre et à entrevoir. O Notre-Dame du Mont, vous êtes la reine et la mère de ces paroisses qui vous ont choisie pour leur patronne ; ce sont vos clients accoutumés ; vous connaissez leurs familles ; veillez sans cesse sur elles et faites-en, dans l'Eglise et dans le diocèse, l'héritage choisi de votre Fils. Bénissez-les toutes, et que votre bénédiction s'étende du père au fis, de la mère à la fille, du vieillard à l'enfant ; qu'elle demeure et qu'elle repose sur toutes les têtes ! Que les vieillards qui auront courbé leurs têtes blanchies devant votre image achèvent en paix leur vie ! Que les hommes mûrs qui y viennent, à la tête de leur famille, s'en retournent plus mûrs encore aux devoirs de la vie civile et religieuse ! Que les enfants qui y viendront déposer leur première dévotion s'en souviennent jusqu'aux dernières années de leur longue carrière! Donnez-nous à tous d'achever à vos pieds le pèlerinage de notre vie terrestre, apaisez les passions au fond de nos âmes, défendez-nous contre le démon dans le dernier combat, et quand vous aurez endormi dans vos bras le cri de nos dernières misères, faites-nous doucement passer, en nous emportant sur votre sein maternel, de l'exil de la terre et du temps à la patrie du ciel et de l'éternité.

PRIÈRES

A

NOTRE-DAME DU MONT

———◦◦◦———

CANTIQUE A NOTRE-DAME DU MONT

Air du Sacré Cœur

REFRAIN.

Toi si propice
A nos aïeux,
O Vierge protectrice,
Daigne exaucer nos vœux. } *bis.*

Vierge du Mont, ô bonne et tendre Mère,
A ton autel, et comme aux anciens jours,
Nous déposons notre ardente prière,
Chantant ton nom, implorant ton secours.

4

Nous le savons, quand autrefois l'orage
Grondait partout et menaçait leur foi,
De nos aïeux tu soutins le courage ;
Leurs yeux alors étaient fixés sur toi.

De ce danger pour nous a sonné l'heure,
Des saints combats pour nous le jour a lui ;
Marie, ô toi, des mères la meilleure,
A tes enfants, oh ! viens prêter appui.

Eve du ciel, tu vois notre misère,
Au cœur souffrant fais naître un doux espoir ;
Pour nous parfois la vie est bien amère,
Aplanis-nous la route du devoir.

Vierge, à tes pieds reprenant confiance,
Et de la vie oubliant les douleurs,
Nous trouverons en toi prompte assistance,
Ta douce main vite essuiera nos pleurs.

Combien de fois, Reine compatissante,
De notre tête écartant le danger,
Combien de fois déjà ta main puissante
Contre tout mal a su nous protéger.

Toujours vivra dans notre âme attendrie
Le souvenir de tes nombreux bienfaits ;
Et dans ce jour nous jurons, ô Marie,
Oui, nous jurons de t'aimer à jamais.

Et quand viendra cette heure solennelle,
Qui pour toujours fixera notre sort,
Nous l'espérons, Vierge toujours fidèle,
Tu seras là pour nous conduire au port.

Formule de consécration

A LA SAINTE VIERGE ET A SAINT JOSEPH

*A l'usage des membres de la confrérie
de Notre-Dame du Mont.*

Marie, mère de Dieu, toujours vierge, et vous, saint Joseph, son chaste époux, je vous choisis pour mes protecteurs, mes patrons et mes avocats ; je me dévoue à votre service et je fais un ferme propos de ne jamais l'abandonner ; je vous supplie de me recevoir au nombre de vos serviteurs ; et puisque j'ai le bonheur d'être admis dans la société de vos confrères, érigée

en ce lieu, je promets d'observer tous
les statuts de cette confrérie ; je
m'oblige en particulier, non par vœu,
mais par devoir de réciprocité, de prier
pour mes confrères vivants et morts ;
obtenez-moi les grâces nécessaires
pour m'acquitter de tous mes devoirs,
pour vivre dans la sainteté, et surtout
ne m'abandonnez pas à l'heure de ma
mort. Ainsi soit-il.

Prière à la sainte Vierge

Que les confrères peuvent réciter tous les jours.

Vierge sainte, que la plus haute
élévation n'empêche pas d'être atten-
tive et sensible à nos besoins, puisqu'au
moment même où vous devenez mère
de Dieu, vous allez visiter votre cou-

sine Elisabeth et lui rendre les offices
de votre charité, je viens à vous avec
confiance ; protégez-moi pendant le
reste de ma vie, ainsi que ceux et
celles avec lesquels je suis associé pour
vous honorer ; veillez à notre défense,
préservez-nous des pièges et des ten-
tations de l'ennemi, faites que nous
passions nos jours dans la crainte de
Dieu et que nous mourions comme
vous dans son amour. Ainsi soit-il.

Prière à saint Joseph.

Saint Patriarche, qui avez eu l'honneur de porter le Sauveur du monde
entre vos bras, de le servir et de lui
procurer la nourriture, quel pouvoir
n'avez-vous pas, dans le ciel, auprès

de celui qui a voulu vous être soumis
sur la terre ! Soyez donc, grand saint,
notre protecteur et notre père ; obtenez-nous une haute estime de la chas-
teté et la force de la garder ; faites
que nous vivions en paix avec tout le
monde et particulièrement dans nos
familles, que nous ne nous écartions
jamais des commandements du Seigneur, et que nous mourions comme
vous entre les bras de Jésus et de
Marie. Ainsi soit-il.

———

Litanies de la sainte Vierge.

Kyrie, eleison *(bis)*.
Christe, eleison *(bis)*.
Kyrie, eleison *(bis)*.
Christe, audi nos.

Christe, exaudi nos.

Pater de cœlis, Deus, miserere nobis.

Fili, redemptor mundi, Deus, miserere nobis.

Spiritus sancte, Deus, miserere nobis.

Sancta Trinitas, unus Deus, miserere
nobis.

Sancta Maria, ora pro nobis.

Sancta Dei genitrix,

Sancta Virgo virginum,

Mater Christi,

Mater divinæ gratiæ,

Mater purissima,

Mater castissima,

Mater inviolata,

Mater intemerata,

Mater amabilis,

Mater admirabilis,

Mater Creatoris,

ora pro nobis.

Mater Salvatoris,
Virgo prudentissima,
Virgo veneranda,
Virgo prædicanda,
Virgo potens,
Virgo clemens,
Virgo fidelis,
Speculum justitiæ,
Sedes sapientiæ,
Causa nostræ lætitiæ,
Vas spirituale,
Vas honorabile,
Vas insigne devotionis,
Rosa mystica,
Turris Davidica,
Turris eburnea,
Domus aurea,
Fœderis arca,
Janua cœli,
Stella matutina,
Salus infirmorum,

ora pro nobis.

ora pro nobis.

Refugium peccatorum,
Consolatrix afflictorum,
Auxilium christianorum,
Regina angelorum,
Regina patriarcharum,
Regina prophetarum,
Regina apostolorum,
Regina martyrum,
Regina confessorum,
Regina virginum,
Regina sanctorum omnium,
Regina sine labe originali concepta,
Regina sacratissimi Rosarii,

ora pro nobis.

Agnus Dei, qui tollis peccata mundi,
　parce nobis, Domine.
Agnus Dei, qui tollis peccata mundi,
　exaudi nos, Domine.
Agnus Dei, qui tollis peccata mundi,
　miserere nobis.
Christe, audi nos.
Christe, exaudi nos.

℣. Ora pro nobis, sancta Dei genitrix,

℟. Ut digni efficiamur promissionibus Christi.

OREMUS.

Defende, quæsumus, Domine, beata Maria semper virgine intercedente, istam ab omni adversitate familiam, et toto corde tibi prostratam ab hostium propitius tuere clementer insidiis. Per Christum Dominum nostrum. Amen.

Litanies de saint Joseph.

Kyrie, eleison *(bis)*.
Christe, eleison *(bis)*.
Kyrie, eleison *(bis)*.
Christe, audi nos.
Christe, exaudi nos.
Pater de cœlis, Deus, miserere nobis.

Fili, redemptor mundi, Deus, miserere nobis.

Spiritus sancte, Deus, miserere nobis.

Sancta Trinitas, unus Deus, miserere.

Sancta Maria, ora pro nobis.

Sancta Maria, sponsa sancti Joseph,

Sancte Joseph, adjutorium Mariæ simillimum,

Sancte Joseph, bajule victimæ salutiferæ,

Sancte Joseph, custos virginitatis Mariæ,

Sancte Joseph, dux Christi fugientis

Sancte Joseph, exemplar perfectæ obedientiæ,

Sancte Joseph, faber regibus excelsior,

Sancte Joseph, gubernator incarnatæ sapientiæ,

Sancte Joseph, hospes Dei peregrinantis,

ora oro nobis.

Sancte Joseph, idea consummatæ justitiæ,

Sancte Joseph, lilium intemeratæ castitatis,

Sancte Joseph, magister magni consilii,

Sancte Joseph, nutritie pastoris universi,

Sancte Joseph, organum Verbi silentis,

Sancte Joseph, pater Filii Dei,

Sancte Joseph, quæstor thesauri cœlestis,

Sancte Joseph, redemptor Redemptoris oblati,

Sancte Joseph, salvator Salvatoris mundi,

Sancte Joseph, tutor noster potentissime,

Sancte Joseph, vir virgo virginis Mariæ,

ora pro nobis.

ora pro nobis.

Sancte Joseph, zelator salutis animarum, ora pro nobis.

Agnus Dei, qui tollis peccata mundi, parce nobis, Domine.

Agnus Dei, qui tollis peccata mundi, exaudi nos, Domine.

Agnus Dei, qui tollis peccata mundi, miserere nobis.

℣. Constituit eum dominum domus suæ,

℟. Et principem omnis possessionis suæ.

OREMUS.

Deus, qui ineffabili providentia beatum Joseph sanctissimæ genitricis tuæ sponsum eligere dignatus es, præsta, quæsumus, ut quem protectorem veneramur in terris, intercessorem habere mereamur in cœlis. Per Christum Dominum nostrum. Amen.

Prière à Notre-Dame du Mont.

Sainte Notre-Dame du Mont, humblement prosternés à vos pieds à cause de notre indignité, mais soutenus et encouragés par le souvenir des nombreux bienfaits que vous avez accordés à tous ceux qui ont fait appel à votre tendresse de mère, nous venons avec confiance réclamer votre puissante protection, vous prier de veiller sur nous comme vous avez veillé sur nos pères. Vierge sainte, vous le savez, plus que jamais nous avons besoin de votre bienveillant appui. Oh ! ne nous abandonnez pas ; demeurez avec nous ; montrez-vous toujours notre mère ; soutenez notre faiblesse ; ranimez en nous l'esprit de foi et de charité ; faites-nous marcher constamment dans la voie que nos ancêtres nous ont tracée et qui seule peut nous conduire au ciel ; ne permettez pas que l'erreur et l'impiété défigurent jamais et nous ravissent notre sainte religion ; ayez pitié de nos frères égarés, éclairez leur esprit, touchez leur cœur et ramenez-les au bercail. O Marie, protégez-nous tous, et ne cessez de veiller sur nous que lorsque vous nous verrez dans le ciel, hors de danger de perdre la possession de Dieu et assurés de l'aimer avec vous durant toute l'éternité. Ainsi soit-il.

Consécration à Notre-Dame du Mont.

Très sainte Vierge, mère de Dieu, reine des anges et des hommes, je vous choisis aujourd'hui pour ma patronne

et ma mère. Je prends la résolution de
vous honorer toujours d'un culte spé-
cial dans votre sanctuaire de prédilection, de faire connaître autant qu'il est
en moi à mes frères, qui sont aussi vos
enfants, les faveurs sans nombre que
vous accordez à ceux qui viennent vous
y invoquer, afin que tous nous puis-
sions recueillir les doux parfums qui
s'échappent de votre image bénie.
Daignez donc, ô bonne Mère, m'admet-
tre aujourd'hui pour votre enfant,
m'accordant votre puissante protection
auprès de Dieu, dans tous les moments
et dans toutes les actions de ma vie.
Ne me délaissez pas surtout à l'heure
de ma mort. Ainsi soit-il.

Prière de saint Bernard.

Souvenez-vous, ô très pietise vierge Marie, qu'on n'a jamais entendu dire qu'aucun de ceux qui ont eu recours à votre protection, imploré votre secours et demandé vos suffrages, ait été abandonné. Animé d'une pareille confiance, ô Vierge des vierges, je recours à vous, et, gémissant sous le poids de mes péchés, je me prosterne à vos pieds. O Mère du Verbe, ne méprisez pas mes prières, mais écoutez-les favorablement et daignez les exaucer. Ainsi soit-il.

Consécration à Marie

Que saint Louis de Gonzague récitait tous les jours.

Vierge sainte, Marie, mon guide et

5

ma souveraine, je viens me jeter dans le sein de votre miséricorde, et mettre dès ce moment et pour toujours mon âme et mon corps sous votre sauvegarde et sous votre protection spéciale. Je vous confie et remets entre vos mains toutes mes espérances et mes consolations, toutes mes peines et mes misères, ainsi que le cours et la fin de ma vie, afin que, par votre sainte intercession et par vos mérites, toutes mes œuvres soient faites selon votre volonté et en vue de plaire à votre divin Fils. Ainsi soit-il.

Prière pour la conversion des pécheurs.

O Marie, mère de miséricorde, refuge et asile des pécheurs, nous voici

humblement prosternés devant vous
pour demander à votre divin Fils, par
les mérites de votre Cœur sans tache,
la conversion de cette multitude d'in-
fortunés qui, par leurs péchés, courent
à leur perte éternelle. Ouvrez donc,
Vierge bienheureuse, votre Cœur si
saint et si tendre à nos prières réunies.
Vous êtes tellement aimée de Dieu
qu'il vous exauce toujours, et votre
bonté n'a jamais manqué à personne,
jamais elle n'a délaissé un pécheur,
fût-il dans l'état le plus désespéré.
Aussi ne craignons-nous pas aujour-
d'hui de vous recommander indistinc-
tement tous les pécheurs que porte la
terre et plus particulièrement ceux à
qui la parenté, l'amitié, la reconnaissance, nous attachent davantage,
comme ceux que nous pourrions avoir
engagés dans le mal. Couvrez-les tous,

ô Marie, de votre favorable protection. Etoile du matin, brillez à leurs yeux. Avocate éloquente, plaidez et gagnez leur cause auprès de leur juge. Reine puissante, brisez leurs chaînes. Guide fidèle et sûr, ramenez ces égarés dans la voie du salut, et qu'ils ne la quittent plus. O notre mère, ne rejetez pas ces prières que nous vous adressons du fond de nos cœurs pour la gloire de votre Fils et pour la vôtre.

Sainte Marie, mère de Jésus, ayez compassion de nous et de tous les pécheurs.

Prière à faire devant un crucifix

Pour gagner une indulgence plénière le jour où l'on a communié.

En ego, o bone et dulcissime Jesu, ante conspectum tuum ge-

O bon et très doux Jésus, prosterné à genoux en votre présence,

je vous prie et je vous conjure, avec toute la ferveur de mon âme, de daigner graver dans mon cœur de vifs sentiments de foi, d'espérance et de charité, un vrai repentir de mes égarements et une volonté très ferme de m'en corriger, pendant que je considère en moi-même et que je contemple en esprit vos cinq plaies avec une grande affection et une grande douleur, ayant devant les yeux les paroles prophétiques que le saint roi David disait de vous, ô bon Jésus : Ils ont percé mes mains et mes pieds, ils ont compté tous mes os.

nibus me provolvo **ac** maximo animi **ardore** te oro atque **obtestor** ut meum in cor vividos fidei, spei et caritatis sensus, atque veram peccatorum meorum pœnitentiam eaque emendandi firmissimam voluntatem velis imprimere, dum magno animi affectu et dolore tua quinque vulnera mecum ipse considero et mente contemplor, illud præ oculis habens quod jam in ore ponebat suo David propheta de te, o bone Jesu : Foderunt manus meas et pedes meos ; dinumeraverunt omnia ossa mea.

MANIÈRE

D'ENTENDRE LA SAINTE MESSE

EN UNION AVEC LA SAINTE VIERGE

Prière préparatoire.

O Marie, vierge immaculée, daignez me conduire vous-même à l'autel du Seigneur, où va se célébrer de nouveau le sacrifice non sanglant du Calvaire ; suppléez par vos adorations et votre amour à mon impuissance ; obtenez-moi par votre toute-puissante intercession ces saintes dispositions qui vous animaient lorsque, debout au pied de la croix, vous unissiez vos souffrances au sacrifice de Jésus pour le salut du monde ; faites que, le feu sacré de l'autel ayant consumé jusqu'aux derniers vestiges de mes péchés, il ne reste plus dans mon cœur que l'amour de Jésus et de Marie.

Au commencement de la messe.

O Marie, en vous j'ai mis toute mon espérance, daignez jeter un regard de compassion sur ma misère. Je le sais, je suis bien indigne d'assister à l'auguste sacrifice ; priez donc, ô bonne Mère, votre aimable Fils de ne point faire attention à mes fautes et de m'envoyer d'en haut sa divine lumière pour m'éclairer ; alors je pourrai, sans trembler, m'approcher de l'autel de mon Dieu, du Dieu qui réjouit mon cœur ; et puisque ce Dieu bon et clément ne rejette point les cœurs contrits et humiliés, imprimez dans mon âme une vive douleur et une profonde humilité à la vue de mes péchés, afin que l'aveu sincère que je vais faire en la présence du Seigneur, en votre présence, en présence du ciel et de la terre, m'obtienne pardon et miséricorde.

Confiteor avec le prêtre.

Pendant que le prêtre monte à l'autel et le baise par respect pour les reliques des saints martyrs.

O Vierge toujours pure, obtenez-moi de Dieu qu'il enlève mes iniquités, afin que je puisse entrer dans le sanctuaire avec un cœur pur. Par Jésus-Christ Notre-Seigneur.

Généreux martyrs de Jésus-Christ, priez pour moi, afin qu'obtenant la rémission de mes péchés, je puisse comme vous approcher de Dieu, mon salut et ma vie.

A l'Introït.

Sainte Mère, qui avez enfanté le roi qui gouverne le ciel et la terre, faites que je célèbre les louanges du Seigneur avec un cœur rempli d'une joie sainte, et que, brûlant d'amour, je m'écrie avec tous vos enfants : Gloire au Père, au Fils, au Saint-Esprit ; aujourd'hui, maintenant et toujours.

Au Kyrie.

O Marie, ma puissante avocate, le secours des faibles, unissez votre voix suppliante à la mienne, afin que je puisse dire avec la même confiance et le même succès que l'aveugle de Jéricho : Jésus, fils de David, ayez pitié de moi ; Jésus, mon Sauveur et mon Dieu, exaucez ma prière ! et alors, plein de reconnaissance et empruntant les paroles mêmes des.anges, je chanterai avec bonheur et joie le cantique de louange et d'amour :

Gloria in excelsis.

Gloire à Dieu au plus haut des cieux, et paix sur la terre aux hommes de bonne volonté. Nous vous louons. Nous vous bénissons. Nous vous adorons. Nous vous glorifions. Nous vous rendons grâces à cause de votre gloire suprême, Seigneur Dieu, roi du ciel, Dieu père tout-puissant ; Seigneur Jésus-Christ, Fils unique, Seigneur Dieu, Agneau de Dieu, Fils du Père, vous qui effacez les péchés du monde, recevez notre prière. Vous qui êtes assis à la droite du Père, ayez pitié de nous. Car vous êtes seul saint, vous êtes seul Seigneur, vous seul êtes Très-Haut, ô Jésus-Christ, avec le Saint-Esprit, dans la gloire de Dieu le Père. Ainsi soit-il.

Oraison.

Seigneur, mon Dieu, faites, je vous en conjure, que vos enfants jouissent toujours de la santé de l'âme et du corps, afin que, par la glorieuse intercession de la bienheureuse vierge Marie, ils soient délivrés des chagrins de ce monde et goûtent les joies éternelles.

Epître.

J'ai été créé dès le commencement et avant les siècles; je ne cesserai point d'être dans la suite des âges ; j'ai exercé mon ministère devant le Seigneur dans la maison sainte. J'ai été ainsi affermi dans Sion, j'ai trouvé mon repos dans la cité sainte, et ma puissance est établie dans Jérusalem. J'ai pris racine dans le peuple qui a été

honoré et dont l'héritage est le partage
de mon Dieu; j'ai établi ma demeure
dans l'assemblée des saints.

Puissé-je, ô Marie, graver au plus
profond de mon cœur ces paroles que
l'Eglise vous applique avec tant de
raison, et marcher toujours sur vos
traces comme un enfant fidèle et dé-
voué.

Graduel.

Vous êtes bénie et digne de vénération, vierge Marie, qui, sans perdre
votre virginité, êtes devenue la Mère
du Sauveur. Vierge, Mère de Dieu,
intercédez pour nous.

Avant l'Evangile.

O Marie, qui avez eu l'insigne honneur de donner au monde le Dieu de
toute pureté, obtenez-moi de ce même
Dieu qu'il purifie mon cœur, afin que

je puisse écouter sa parole avec de saintes dispositions.

Evangile.

En ce temps-là, comme Jésus parlait au peuple, une femme, élevant la voix du milieu de la foule, lui dit : Heureux le sein qui vous a porté, heureuses les mamelles qui vous ont allaité ! Jésus lui répondit : Bien plutôt heureux ceux qui écoutent la parole de Dieu et qui l'observent !

Faites, ô Marie, que je n'oublie jamais cet enseignement de votre divin Fils, et que chaque jour, conformant ma conduite à ma croyance, je puisse dire hautement, en face du ciel et de la terre :

Credo.

Je crois en Dieu, le Père tout-puissant, créateur du ciel et de la terre, des choses visibles et invisibles ; et en un seul Seigneur Jésus-Christ, Fils unique de Dieu, né du Père avant tous les siècles ; Dieu de Dieu, lumière de lumière, vrai Dieu de vrai Dieu ; qui n'a pas été fait, mais engendré ; consubstantiel au Père, par qui tout a été fait ; qui est descendu des cieux pour nous et pour notre salut ; qui s'est incarné en prenant un corps dans le sein de la vierge Marie par l'opération du Saint-Esprit, et qui s'est fait homme ; qui a été crucifié pour nous sous Ponce-Pilate, qui a souffert et qui a été mis dans le tombeau ; qui est ressuscité le troisième jour selon les Ecritures ; qui est monté aux cieux, où il est assis à la droite du Père ; qui viendra de nouveau, plein de gloire, pour juger les vivants et les morts, et dont le règne n'aura point de fin. Je crois au Saint-Esprit, qui est aussi Seigneur, qui donne la vie, qui procède du Père et du Fils, qui est adoré conjointement avec le Père et le Fils, qui a parlé par les prophètes. Je crois l'Eglise, qui est une, sainte, catholique et apostolique. Je confesse un baptême pour la rémission des péchés. J'attends la résurrection des morts et la vie du siècle à venir. Ainsi soit-il.

Offertoire.

Je vous salue, Marie, pleine **de** grâces, le Seigneur est avec vous, vous êtes bénie entre toutes les femmes, et le fruit de vos entrailles est béni.

Vierge sainte, mon espérance et mon soutien, venez à mon aide et obtenez-moi du Seigneur qu'il daigne agréer le sacrifice que je lui offre avec lé prêtre pour mes péchés, mes offenses et mes négligences, qui sont sans nombre ; pour les assistants, pour les fidèles vivants et défunts.

Seigneur, je le reconnais, je suis indigne de vos faveurs ; mais je sais aussi que vous êtes infiniment bon ; vous m'en avez donné tant de preuves, en me créant et en me rachetant par votre divin Fils ; laissez-moi donc vous offrir ce même Fils, qui vous est si cher. A la vue d'une victime si sainte et si pure, j'en ai la douce confiance, vous oublierez mes péchés, vous pardonnerez à votre enfant coupable, mais contrit et repentant. Recevez-moi, ô mon Dieu, et que mon sacrifice s'accomplisse devant vous de telle sorte qu'il vous soit agréable.

Préface.

O Marie immaculée, vierge toute céleste, aidez-moi à briser les liens qui me tiennent encore à la terre, et ainsi il me sera donné de m'unir d'esprit et de cœur aux anges du ciel et de chanter avec eux le cantique éternel :

Saint, saint, saint est le Seigneur, le Dieu des armées ; les cieux et la terre sont remplis de sa gloire. Hosanna au plus haut des cieux ! Béni soit celui qui vient au nom du Père ; Hosanna au plus haut des cieux !

Canon.

Bonne et tendre Marie, voici le moment sublime où votre divin Fils va descendre sur l'autel et s'immoler pour moi ; je vous en supplie, faites naître dans mon âme les sentiments

6

qui peuvent le mieux m'unir à lui et m'appliquer les mérites infinis de son sacrifice.

Seigneur, je vous en supplie, daignez recevoir la victime adorable ; je vous l'offre non seulement pour moi, mais encore pour votre Eglise. Donnez-lui la paix, gardez-la, maintenez-la dans l'union, gouvernez-la par toute la terre, et avec elle notre saint-père le pape, votre serviteur, notre évêque et tous ceux qui font profession de la foi catholique.

Souvenez-vous, Seigneur, de vos serviteurs et de vos servantes (désigner les personnes pour lesquelles on prie spécialement), et de tous ceux qui sont ici présents, dont vous connaissez la foi, la piété, qui vous offrent avec moi ce sacrifice de louanges pour eux-mêmes, pour leurs parents, pour la rédemption de leurs âmes, pour l'espérance de leur salut et de leur conservation, et qui vous rendent leurs vœux, à vous, Dieu éternel, vivant et véritable.

Seigneur, je vous offre encore çe sacrifice pour honorer la mémoire de la glorieuse vierge Marie, ma Mère, des apôtres, des martyrs, des vierges, des confesseurs, de tous les justes, afin qu'ils m'aident par leur puissant secours à mériter la grâce de vous contempler à jamais avec eux dans le ciel. Ainsi uni à tous vos enfants, j'ose vous prier de recevoir cette offrande comme l'hommage de mon heureuse servitude; en échange, donnez-moi la paix, sauvez-moi de votre colère, mettez-moi au nombre de vos élus. Par Jésus-Christ Notre-Seigneur, qui va paraître sur l'autel.

Elévation.

Verbe incarné, divin Jésus, vrai Dieu et vrai homme, je crois que vous êtes présent sur l'autel, je vous y adore avec humilité, je vous aime de tout mon cœur, et comme vous y venez pour l'amour de moi, je me consacre entièrement à vous.

J'adore ce sang précieux que vous avez répandu pour tous les hommes, et j'espère, ô mon Dieu, que vous ne l'aurez pas versé inutilement pour moi. Faites-moi la grâce de m'en appliquer les mérites.

Après l'Elévation.

Vierge sainte, mère de miséricorde, victime inséparable de la victime par excellence, gravez au plus profond de mon cœur le souvenir des souffrances de votre divin Fils et obtenez-moi la grâce de goûter, d'imiter et d'aimer jusqu'à la mort Jésus sacrifié par l'amour et s'immolant continuellement pour moi sur l'autel.

Non, ô mon aimable Sauveur, jamais je n'oublierai ce que vous me représentez par cette auguste cérémonie, les tourments et les angoisses de votre passion, la gloire de votre résurrection, votre corps tout déchiré, votre sang répandu pour nous, réellement présent à mes yeux sur cet autel.

Seigneur Dieu tout-puissant, n'est-ce pas le moment d'offrir à votre Majesté adorable l'auguste victime qu'il vous a plu de nous donner vous-même et dont les autres n'étaient que la figure ? car j'ai ici plus que tous les sacrifices d'Abel, d'Abraham, de Melchisédech, j'ai Jésus-Christ votre

Fils unique, la seule victime digne de votre autel. Bénissez donc, Seigneur, tous ceux qui participent à cette victime sacrée.

Bénissez les âmes des fidèles qui sont morts et particulièrement (désigner ici les personnes pour lesquelles on prie); accordez-leur la rémission entière de leur peine.

A moi aussi, pécheur, qui suis votre enfant, daignez me donner part au céleste héritage en me faisant entrer en société avec les saints apôtres, les saints martyrs et tous les justes, afin que je puisse vous glorifier et vous aimer éternellement avec eux. Ainsi soit-il.

Pater.

Seigneur, instruit par un précepte salutaire et suivant la forme de l'instruction divine qui m'a été donnée,

j'ose vous dire : Notre Père, qui êtes aux
cieux, que votre nom soit sanctifié,
que votre règne arrive, que votre sainte
volonté soit faite sur la terre comme
au ciel ; donnez-nous aujourd'hui notre
pain de chaque jour, pardonnez-nous
nos offenses comme nous pardonnons
à ceux qui nous ont offensés, ne nous
laissez pas succomber à la tentation,
mais délivrez-nous du mal. Ainsi soit-il.

Sainte Marie, mère de Dieu et la
nôtre, souvenez-vous de vos enfants,
soutenez leur prière, confirmez leur
foi, faites régner la paix dans le
monde et la concorde dans les familles,
délivrez-moi de tout danger et obtenez-
moi un jour la récompense éternelle.

Agnus Dei.

Vierge sainte, qui m'avez donné
votre Jésus comme rédempteur, faites

que je trouve grâce devant lui, qu'il ait pitié de moi, qu'il efface mes péchés et qu'il me donne sa paix.

Domine, non sum dignus.

Seigneur, je ne suis pas digne que vous entriez en moi, dites seulement une parole, et mon âme sera guérie (trois fois).

Communion.

Je me donne à vous, ô mon aimable Sauveur, pour être votre demeure, faites de moi selon votre bon plaisir ; je m'unis à vous, divin Jésus, unissez-vous à moi ; que nous ne nous séparions jamais !

Vierge très pure, ma bonne et tendre mère, laissez-moi emprunter à votre aimable cœur tout ce qui manque au mien. Que votre foi vive, votre ardent amour supplée à ma faiblesse. Revêtez-moi vous-même **de la robe** nuptiale et conduisez-moi **au** banquet des élus pour y prendre le pain des anges, le froment des élus.

Venez, Seigneur Jésus, venez prendre possession de mon cœur : je crois, j'espère en vous, je vous aime, je vous aime par l'amour de votre divine mère, qui est aussi la mienne ; c'est par son cœur que je viens au vôtre ; c'est par elle et avec elle que j'ose en ce moment m'approcher de votre table sainte. Venez, ô mon Jésus, mais oubliez, pardonnez, effacez mes souillures, venez couronner vos merveilles par ce dernier excès de tendresse. Mon cœur est à vous pour toujours.

Après la Communion.

O mon âme, te voilà devenue le

sanctuaire même de la divinité, le tabernacle du Verbe incarné. O Jésus, mon aimable Sauveur, que vous rendrai-je pour cet excès d'amour ? Je chanterai avec les anges le sublime cantique de l'adoration et du silence ; je présenterai l'hostie de louange à Celui qui m'a comblé de biens ; je donnerai Jésus-Christ à Jésus-Christ ; son divin Cœur sera lui-même l'hommage et la mesure de ma reconnaissance.

O Marie, gardez-moi dans le sanctuaire de votre Cœur maternel, afin que je conserve comme vous en paix, en silence, en amour, Celui dont la possession fait tout mon bonheur, toutes mes délices, toute mon espérance.

Dernières Oraisons.

Je suis à mon Bien-Aimé, et mon

Bien-Aimé est tout à moi, lui qui se nourrit parmi les lis. *Alleluia.*

Rassasié des délices de la table sainte, je viens, ô mon Dieu, implorer votre miséricorde, afin que par le secours des prières de la très sainte vierge Marie, qui vous a toujours été agréable, nulle tentation ne puisse me séparer de vous.

Bénédiction.

O Jésus, Sauveur de nos âmes, que la bénédiction de votre ministre me soit le gage de la bénédiction ineffable que vous donnez à vos élus pendant l'éternité. Au nom du Père, et du Fils, et du Saint-Esprit. Ainsi soit-il.

Action de grâces.

O Marie, c'est vous qui m'avez conduit à l'autel, c'est vous qui m'avez appris à m'immoler avec mon Sauveur; c'est encore vous qui m'enseignerez à le faire vivre dans mon cœur par une vie pure et fervente. Bonne et tendre Mère, je compte sur votre bienveillante protection pour garder le trésor que je possède ; mettez-moi à l'abri dans votre aimable Cœur, et que rien ne puisse jamais me ravir à votre tendresse. Cachez-moi en vous avec Jésus. Que votre fidélité garde la mienne, que votre charité m'unisse sans cesse à mon Sauveur, afin qu'il me soit donné de chanter un jour avec vous dans la gloire les miséricordes du Seigneur. Ainsi soit-il.

O Marie, conçue sans péché, priez pour nous, qui avons recours à vous.

LE DIMANCHE A VÊPRES

Notre Père... Je vous salue...

℣ Mon Dieu, venez à mon aide ;

℟ Seigneur, hâtez-vous de me secourir.

Gloire au Père, et au Fils, et au Saint-Esprit ;

Comme il était au commencement, maintenant, toujours, dans les siècles des siècles. Ainsi soit-il.

Alleluia.

Pater... Ave...

℣ Deus in adjutorium meum intende ;

℟ Domine, ad adjuvandum me festina.

Gloria Patri, et Filio, et Spiritui sancto ;

Sicut erat in principio, et nunc et semper, et in sæcula sæculorum. Amen.

Alleluia.

PSAUME 109.

Ant. Dixit Dominus...

Le Seigneur a dit à mon Seigneur : Asseyez-vous à ma droite.

Jusqu'à ce que je réduise vos ennemis à vous servir de marchepied.

Dixit Dominus Domino meo : * Sede a dextris meis.

Donec ponam inimicos tuos * scabellum pedum tuorum.

Virgam virtutis tuæ emittet Dominus ex Sion : * dominare in medio inimicorum tuorum.

Tecum principium in die virtutis tuæ in splendoribus sanctorum : * ex utero ante luciferum genui te.

Juravit Dominus, et non pœnitebit eum : * Tu es sacerdos in æternum secundum ordinem Melchisedech.

Dominus a dextris tuis, * confregit in die iræ suæ reges.

Judicabit in nationibus, implebit ruinas ; * conquassabit capita in terra multorum.

De torrente in via bibet : * propterea exaltabit caput.

Gloria Patri...

L'Eternel a fait sortir de Sion le sceptre de votre autorité: vous établirez votre empire au milieu de vos ennemis.

Toute puissance est à vous pour l'exercer au jour de votre force, lorsque vous paraîtrez au milieu de la splendeur de vos saints ; je vous ai engendré avant l'aurore.

Le Seigneur l'a juré et son serment est immuable : Vous êtes le prêtre éternel selon l'ordre de Melchisédech.

Le Seigneur est à votre droite, il écrasera les rois au jour de sa colère.

Il jugera les nations et les détruira : il brisera sur la terre la tête de plusieurs.

Il boira, en passant, l'eau du torrent ; c'est pour cela qu'il lèvera la tête.

Gloire au Père...

Ant. Le Seigneur a dit à mon Seigneur : Asseyez-vous à ma droite.

Ant. Dixit Dominus Domino meo : * Sede a dextris meis.

PSAUME 110.

Ant. Fidelia...

Seigneur, je vous louerai de tout mon cœur, dans le secret des justes et dans leurs assemblées.

Les œuvres du Seigneur sont grandes et toujours proportionnées à ses desseins.

Elles publient toutes sa grandeur et sa gloire, et sa justice subsiste dans l'éternité.

Le Seigneur, plein de bonté et de miséricorde, a perpétué la mémoire de ses merveilles : il a donné la nourriture à ceux qui le craignent.

Il se souviendra toujours de son alliance ; il manifestera à son peuple la force de son bras.

Confitebor tibi, Domine, in toto corde meo, * in concilio justorum et congregatione.

Magna opera Domini, * exquisita in omnes voluntates ejus.

Confessio et magnificentia opus ejus, * et justitia ejus manet in sæculum sæculi.

Memoriam fecit mirabilium suorum misericors et miserator Dominus : * escam dedit timentibus se.

Memor erit in sæculum testamenti sui : * virtutem operum suorum annuntiabit populo suo.

Ut det illis hæreditatem gentium : * opera manuum ejus, veritas et judicium.

Fidelia omnia mandata ejus, confirmata in sæculum sæculi, * facta in veritate et æquitate.

Redemptionem misit populo suo : * mandavit in æternum testamentum suum.

Sanctum et terribile nomen ejus : * initium sapientiæ timor Domini.

Intellectus bonus omnibus facientibus eum : * laudatio ejus manet in sæculum sæculi.

Gloria Patri...

Ant. Fidelia omnia mandata ejus , confirmata in sæculum sæculi.

Pour lui donner l'héritage des nations, l'ouvrage de ses mains est la vérité et la justice.

Tous ses préceptes sont constants, et ils sont affermis à jamais : car ils reposent sur la vérité et l'équité.

Il a envoyé un rédempteur à son peuple: il a renouvelé avec lui une alliance éternelle.

Son nom est saint et terrible : la crainte du Seigneur est le commencement de la sagesse.

La véritable intelligence est en celui qui éprouve cette crainte : celui-là sera honoré de louanges dans toute l'éternité.

Gloire au Père...

Ant. Tous les préceptes du Seigneur sont constants, ils sont affermis à jamais.

PSAUME 111.

Ant. In mandatis..

Heureux celui qui craint le Seigneur, et qui met ses délices à accomplir sa loi.

Sa postérité sera puissante sur la terre ; la race des justes sera bénie.

La gloire et les richesses seront dans sa maison, et sa justice demeure éternellement.

Au milieu des ténèbres la lumière se lève sur ceux qui ont le cœur droit ; parce que le Seigneur est bon, miséricordieux et juste.

Heureux celui qui, touché de compassion pour les affligés, sait prudemment les consoler ; il ne sera jamais ébranlé.

La mémoire du juste sera éternelle ; quelque mal qu'on lui annonce, il ne craindra pas.

Son cœur est prêt.

Beatus vir qui timet Dominum, * in mandatis ejus volet nimis.

Potens in terra erit semen ejus ; * generatio rectorum benedicetur.

Gloria et divitiæ in domo ejus ; * et justitia ejus manet in sæculum sæculi.

Exortum est in tenebris lumen rectis ; * misericors, et miserator, et justus.

Jucundus homo, qui miseretur et commodat, disponet sermones suos in judicio; * quia in æternum non commovebitur.

In memoria æterna erit justus ; * ab auditione mala non timebit.

Paratum cor ejus

7

sperare in Domino ; confirmatum est cor ejus : * non commovebitur, donec despiciat inimicos suos.

parce qu'il est toujours appuyé sur la confiance qu'il a en Dieu, il ne se trouble point, dans la ferme espérance que le Seigneur le vengera de ses ennemis.

Dispersit dedit pauperibus ; justitia ejus manet in sæculum sæculi : * cornu ejus exaltabitur in gloria.

Il a répandu ses biens sur le pauvre, sa justice subsistera dans tous les siècles, et ses richesses seront couronnées de gloire,

Peccator videbit et irascetur, dentibus suis fremet et tabescet : * desiderium peccatorum peribit.

L'impie le verra dans cet état, il s'en irritera, il grincera les dents, il séchera de rage ; mais ses désirs périront avec lui.

Gloria Patri...
Ant. In mandatis ejus cupit nimis.

Gloire au Père...
Ant. Il met son affection dans ses commandements.

PSAUME 112.

Ant. Sit nomen Domini...

Laudate, pueri Dominum ; * laudate nomen Domini.

Louez le Seigneur, vous qui êtes ses enfants ; célébrez son nom.

Sit nomen Domini benedictum, * ex hoc

Que le nom du Seigneur soit béni aujourd'hui et dans tous les siècles.

De l'Orient jusqu'à l'Occident, le nom du Seigneur est digne de louanges.

Le Seigneur domine toutes les nations ; sa gloire est au-dessus des cieux.

Qui est semblable au Seigneur notre Dieu ? il habite aux lieux les plus élevés, et daigne néanmoins abaisser ses regards sur les cieux et sur la terre.

Il relève le pauvre de la poussière, et l'indigent de son fumier,

Pour le faire asseoir avec les princes de son peuple.

Il rend féconde l'épouse stérile ; il lui donne la joie de la maternité.

Gloire au Père...

Ant. Que le nom du Seigneur soit béni jusque dans l'éternité.

nunc, et usque **in** sæculum.

A solis ortu usque ad occasum, * laudabile nomen Domini.

Excelsus super omnes gentes Dominus, * et super cœlos gloria ejus.

Quis sicut Dominus Deus noster, qui **in** altis habitat, * et humilia respicit in cœlo et in terra ?

Suscitans a terra inopem, *et de stercore erigens pauperem ;

Ut collocet eum cum principibus, * cum principibus populi sui.

Qui habitare facit sterilem in domo, * matrem filiorum lætantem.

Gloria Patri...

Ant. Sit nomen Domini benedictum **in** sæcula.

PSAUME 113.

***Ant.* Nos qui vivimus...**

In exitu Israël de Ægypto, * domus Jacob de populo barbaro ;

Facta est Judæa sanctificatio ejus, * Israël potestas ejus.

Mare vidit, et fugit : * Jordanis conversus est retrorsum.

Montes exultaverunt ut arietes, * et colles sicut agni ovium.

Quid est tibi, mare, quod fugisti ? * et tu, Jordanis, quia conversus es retrorsum ?

Montes, exultastis sicut arietes ? * et colles sicut agni ovium ?

A facie Domini mota est terra, * a facie Dei Jacob,

Qui convertit petram

Lorsque Israël sortit d'Egypte, et la famille de Jacob du milieu d'un peuple barbare,

Juda fut consacré au Seigneur, et Israël devint son domaine.

La mer le vit et s'enfuit ; le Jourdain remonta vers sa source.

Les montagnes tressaillirent comme des béliers, et les collines comme des agneaux.

O mer, pourquoi as-tu fui, et toi, Jourdain, pourquoi as-tu reculé vers la source ?

Montagnes, pourquoi avez-vous tressailli comme des béliers, et vous, collines, comme des agneaux ?

C'est que la terre s'était émue à la présence du Seigneur, à l'aspect du Dieu de Jacob,

Qui change la pierre

en un torrent, et le rocher en fontaine abondante.

Faites éclater, Seigneur, votre gloire; non pour nous, mais pour vous ;

Afin qu'à la vue de votre miséricorde et de votre vérité, les nations ne puissent plus dire : Où est leur Dieu ?

Notre Dieu est en effet dans les cieux ; il a fait tout ce qu'il a voulu.

Les idoles des nations ne sont que de l'or et de l'argent, et l'ouvrage de la main des hommes.

Elles ont une bouche et ne parlent point ; des yeux et ne voient point.

Elles ont des oreilles et n'entendent point; elles ont des narines et ne sentent pas.

Elles ont des mains et ne touchent point; des pieds et ne marchent

in stagna aquarum, * et rupem in fontes aquarum.

Non nobis, Domine, non nobis, * sed nomini tuo da gloriam.

Super misericordia tua et veritate tua ; * nequando dicant gentes : Ubi est Deus eorum ?

Deus autem noster in cœlo ; * omnia quæcumque voluit fecit.

Simulacra gentium argentum et aurum, * opera manuum hominum.

Os habent, et non loquentur ; * oculos habent, et non videbunt.

Aures habent, et non audient : * nares habent, et non odorabunt.

Manus habent, et non palpabunt; pedes habent, et non ambulabunt : * non clamabunt in gutture suo.

Similes illis fiant qui faciunt ea, * et omnes qui confidunt in eis.

Domus Israël speravit in Domino ; * adjutor eorum et protector eorum est.

Domus Aaron speravit in Domino ; * adjutor eorum et protector eorum est.

Qui timent Dominum speraverunt in Domino ; * adjutor eorum et protector eorum est.

Dominus memor fuit nostri, * et benedixit nobis.

Benedixit domui Israël, * benedixit domui Aaron.

Benedixit omnibus qui timent Dominum, * pusillis cum majoribus.

point ; elles ont un gosier et n'ont point de voix.

Qu'ils deviennent semblables à elles, et ceux qui les font et ceux qui s'y confient.

La maison d'Israël a espéré dans le Seigneur, et le Seigneur est son soutien et son protecteur.

La maison d'Aaron a espéré dans le Seigneur, et le Seigneur est son soutien et son protecteur.

Ceux qui craignent le Seigneur ont espéré en lui ; il leur accorde secours et protection.

Le Seigneur s'est souvenu de nous, et il nous a bénis.

Il a béni la maison d'Israël ; il a béni la maison d'Aaron.

Il a béni tous ceux qui le craignent, les petits et les grands.

Que le Seigneur vous comble de bénédictions, vous et vos enfants.

Soyez bénis du Seigneur, qui a fait le ciel et la terre.

Le Seigneur s'est réservé le ciel des cieux, et il a donné la terre aux enfants des hommes.

Les morts ne vous loueront point, Seigneur, ni ceux qui descendent dans le tombeau.

Mais nous qui sommes vivants, nous bénissons le Seigneur, aujourd'hui et à jamais.

Gloire au Père...

Ant. Nous qui sommes vivants, nous bénissons le Seigneur.

Adjiciat Dominus super vos, * super vos et super filios vestros.

Benedicti vos a Domino ; * qui fecit cœlum et terram.

Cœlum cœli Domino ; * terram autem dedit filiis hominum.

Non mortui laudabunt te Domine, * neque omnes qui descendunt in infernum.

Sed nos qui vivimus, benedicimus Domino, * ex hoc nunc, et usque in sæculum.

Gloria Patri...

Ant. Nos qui vivimus, benedicimus Domino.

CAPITULE.

Béni soit Dieu, et le Père de Notre-Seigneur Jésus-Christ, le Père des miséricordes, et le Dieu de toute consolation, qui nous console en

Benedictus Deus, et Pater Domini nostri Jesu Christi, Pater misericordiarum, et Deus totius consolationis, qui consolatur

nos in omni tribula-
tione nostra.

℟ Deo gratias.

toutes nos afflictions.

℟ Rendons grâces à
Dieu.

HYMNE.

Lucis Creator op-
time,
Lucem dierum profe-
rens,
Primordiis lucis novæ,
Mundi parans origi-
nem.
Qui mane junctum
vesperi,
Diem vocari præcipis,
Illabitur tetrum chaos
Audi preces cum fle-
tibus.

Ne mens gravata
crimine
Vitæ sit exul munere,
Dum nil perenne co-
gitat,
Seseque culpis illigat.

Cœlorum pulset in-
timum,

Dieu très bon, Créa-
teur de la lumière, vous
dont la splendeur fait
le jour qui nous éclaire,
vous qui l'avez formée
au premier jour du
monde.

Vous qui avez com-
mandé qu'on appelât
jour le matin uni au
soir, au moment où s'a-
baissent sur nous les
ombres de la nuit,
recevez nos prières et
nos larmes.

Ne permettez pas que
notre âme appesantie
par ses péchés soit pri-
vée de la vie de votre
grâce, en oubliant l'é-
ternité et en s'enga-
geant dans les voies
coupables.

Faites que sa prière
pénètre au plus haut

des cieux, qu'elle remporte le prix de la vie; donnez-nous d'éviter tout mal et purifiez-nous de toute souillure.

Exaucez-nous, Père miséricordieux, et vous, Fils unique, égal au Père, et vous, Esprit consolateur, qui régnez dans tous les siècles.

Ainsi soit-il.

℣ Que ma prière, Seigneur, monte vers vous,

℞ Comme l'encens.

Vitale tollat præmium;

Vitemus omne noxium Purgemus omne pessimum.

Præsta, Pater piissime,

Patrique compar unice Cum Spiritu paraclito, Regnans per omne sæculum.

Amen.

℣ Dirigatur, Domine, oratio mea,

℞ Sicut incensum in conspectu tuo.

CANTIQUE DE LA SAINTE VIERGE.

Mon âme glorifie le Seigneur,

Et mon esprit est ravi en Dieu, mon Sauveur;

Parce qu'il a regardé l'humilité de sa servante; car désormais toutes les générations me proclameront bienheureuse;

Parce que le Tout-Puissant a fait en moi

Magnificat * anima mea Dominum,

Et exultavit spiritus meus, * in Deo salutari meo;

Quia respexit humilitatem ancillæ suæ: * ecce enim ex hoc beatam me dicent omnes generationes.

Quia fecit mihi magna qui potens est; *

et sanctum nomen ejus.

Et misericordia ejus a progenie in progenies , * timentibus eum.

Fecit potentiam in brachio suo : * dispersit superbos mente cordis sui.

Deposuit potentes de sede, * et exaltavit humiles.

Esurientes implevit bonis, * et divites dimisit inanes.

Suscepit Israel puerum suum, * recordatus misericordiæ suæ,

Sicut locutus est ad patres nostros, * Abraham et semini ejus in sæcula.

Gloria Patri...

Oremus.

Deus, a quo sancta

de grandes choses, lui dont le nom est saint,

Et sa miséricorde se répand de race en race, sur ceux qui le craignent.

Il a déployé la force de son bras, il a dissipé les desseins que les superbes formaient dans leurs cœurs.

Il a renversé les grands de leurs trônes, et il y a élevé les petits.

Il a rempli de biens ceux qui souffraient la faim, et il a renvoyé pauvres ceux qui étaient riches.

Il a pris sous sa protection Israël, son serviteur, se souvenant de ses miséricordes,

Selon la promesse qu'il a faite à nos pères, à Abraham et à sa postérité pour toujours.

Gloire au Père...

Prions.

O Dieu, de qui viennent les saints désirs, les conseils justes et les bonnes œuvres, accordez à vos serviteurs cette paix que le monde ne peut donner, afin que, nos cœurs étant fidèles à vos lois et délivrés de la crainte de vos ennemis, nos jours s'écoulent paisibles sous votre protection. Par Jésus-Christ Notre-Seigneur. Ainsi soit-il.

desideria, recta consilia et justa sunt opera, da servis tuis illam, quam mundus dare non potest, pacem, ut et corda nostra mandatis tuis dedita, et hostium sublata formidine, tempora sint tua protectione tranquilla. Per Christum Dominum nostrum. Amen.

VÊPRES DE LA SAINTE VIERGE

Pater... Ave, Maria.	Notre Père... Je vous salue, Marie.
℣ Deus, in adjutorium...	℣ Seigneur, venez à mon aide.
℟ Domine, ad adjuvandum...	℟ Hâtez-vous de me secourir.
Gloria Patri...	Gloire au Père...
Alleluia.	Alleluia.

PSAUME 109.

Ant. Dum esset rex...

Dixit Dominus... (Voir page 93.)	Le Seigneur a dit à mon Seigneur...

Ant. Dum esset rex in accubitu suo, nardus mea dedit odorem suavitatis.

PSAUME 112.

Ant. Læva ejus...

Laudate, pueri, Dominum... (Voir page 98.)	Louez le Seigneur...

Ant. Læva ejus sub capite meo, et dextera illius amplexabitur me.

PSAUME 121.

Ant. **Nigra sum...**

Je me suis réjoui lorsqu'on m'a dit : Nous irons dans la maison du Seigneur.

Nous étions debout dans votre enceinte, ô Jérusalem.

Jérusalem, qui est bâtie comme une ville et dont toutes les parties sont dans une parfaite union.

C'est là que montaient les tribus du Seigneur, selon le précepte donné à Israël, pour louer le Seigneur.

C'est là que sont établis les sièges de la justice, fondés sur la maison de David.

Demandez tout ce qui peut contribuer à la paix de Jérusalem ; et que ceux qui vous aiment, ô ville sainte, soient dans l'abondance.

Lætatus sum in his quæ dicta sunt mihi: * In domum Domini ibimus.

Stantes erant pedes nostri, * in atriis tuis, Jerusalem.

Jerusalem, quæ ædificatur ut civitas, * cujus participatio ejus in idipsum.

Illuc enim ascenderunt tribus, tribus Domini : * testimonium Israel, ad confitendum nomini Domini.

Quia illic sederunt sedes in judicio : * sedes super domum David.

Rogate quæ ad pacem sunt Jerusalem : * et abundantiam diligentibus te.

Fiat pax in virtute tua : * et abundantia in turribus tuis.

Que la paix soit dans vos forteresses, et l'abondance dans vos tours.

Propter fratres meos et proximos meos, * loquebar pacem de te.

A cause de mes frères et de mes proches, je ne formerai sur vous que des vœux de paix.

Propter domum Domini Dei nostri, * quæsivi bona tibi.

J'ai cherché à vous procurer toutes sortes de biens à cause de la maison du Seigneur notre Dieu.

Gloria Patri...

Gloire au Père...

Ant. Nigra sum, sed formosa, filiæ Jerusalem ; ideo dilexit me Rex et introduxit me in cubiculum suum.

PSAUME 126.

Ant. Jam hiems...

Nisi Dominus ædificaverit domum, * in vanum laboraverunt qui ædificant eam.

Si le Seigneur luimême n'y met la main, c'est en vain que travaillent ceux qui bâtissent la maison.

Nisi Dominus custodierit civitatem, * frustra vigilat qui custodit eam.

Si le Seigneur ne garde la ville, c'est en vain que veille celui qui la garde.

Vanum est vobis

Vainement vous vous

levez avant le jour, lovez-vous après vous être reposés, vous qui mangez le pain de la douleur.

Quand Dieu aura accordé le repos à ses bien-aimés, ils verront naître des enfants qui seront l'héritage et le don du Seigneur ; la fécondité est une récompense.

Telles les flèches dans une main puissante, tels les enfants des opprimés.

Heureux l'homme dont le désir est comblé par eux ; il ne sera point confondu lorsqu'il parlera à ses ennemis à la porte de la ville.

Gloire au Père...

ante lucem surgere : * surgite postquam sederitis, qui manducatis panem doloris.

Cum dederit dilectis suis somnum ; * ecco hæreditas Domini, filii ; merces, fructus ventris.

Sicut sagittæ in manu potentis, * ita filii excussorum.

Beatus vir qui implevit desiderium suum ex ipsis ; * non confundetur cum loquetur inimicis suis in porta.

Gloria Patri...

Ant. Jam hiems transiit, imber abiit et recessit ; surge, amica mea, et veni.

PSAUME 147.

Ant. Speciosa...

Lauda, Jerusalem, | Jérusalem, louez le

Dominum : * lauda Deum tuum, Sion.

Quoniam confortavit seras portarum tuarum : * benedixit filiis tuis in te.

Qui posuit fines tuos pacem ; * et adipe frumenti satiat te.

Qui emittit eloquium suum terræ; * velociter currit sermo ejus.

Qui dat nivem sicut lanam ; * nebulam sicut. cinerem spargit.

Mittit crystallum suam sicut buccellas : * ante faciem frigoris ejus quis sustinebit ?

Emittet verbum suum et liquefaciet ea : * flabit spiritus ejus et fluent aquæ.

Qui annuntiat verbum suum Jacob : * justitias et judicia sua Israel.

Seigneur ; Sion, louez votre Dieu.

Car il a fortifié les serrures de vos portes et béni vos enfants dans votre enceinte.

Il a établi la paix jusqu'aux confins de vos Etats, et il vous rassasie du plus pur froment.

Il envoie sa parole à la terre, et sa parole a la rapidité du vol.

Il fait tomber la neige comme des flocons de laine ; il répand les brumes comme de la cendre.

Il envoie sa glace comme le cristal : qui pourra subsister exposé à sa froidure ?

Il enverra son Verbe et fondra les glaçons ; son esprit soufflera, et les eaux couleront à l'heure même.

Il annonce sa parole à Jacob, sa justice et ses décrets à Israël.

Il n'a pas ainsi traité les autres nations et il ne leur a pas manifesté ses jugements.

Non fecit taliter omni nationi * et judicia sua non manifestavit eis.

Gloire au Père.

Gloria Patri...

Ant. Speciosa facta es et suavis in deliciis tuis, sancta Dei Genitrix.

HYMNE.

Salut, étoile de la mer, auguste Mère de Dieu, demeurée toujours vierge, heureuse porte du ciel.

Ave, maris stella,
Dei Mater alma,
Atque semper virgo,
Felix cœli porta.

Recevez ce salut comme de la bouche de Gabriel, établissez-nous dans la paix; nouvelle Eve, soyez-nous plus favorable que la première.

Sumens illud **ave**
Gabrielis ore,
Funda nos in pace,
Mutans Evæ nomen.

Rompez les liens des pécheurs, faites voir les aveugles, guérissez nos maux, demandez pour nous tous les biens.

Solve vincla reis,
Profer lumen cæcis,
Mala nostra pelle,
Bona cuncta posce.

Montrez que vous êtes mère; que par vous reçoive nos prières Celui qui pour nous a bien voulu être votre Fils.

Monstra te esse matrem;
Sumat per te preces
Qui, pro nobis natus,
Tulit esse tuus.

8

Virgo singularis,
Inter omnes mitis,
Nos culpis solutos,
Mites fac et castos.

Vitam præsta puram,
Iter para tutum ;
Ut, videntes Jesum,
Semper collætemur.

Sit laus Deo Patri,
Summo Christo decus
Spiritui sancto,
Tribus honor unus.
Amen.

℣ Dignare me laudare te, Virgo sacrata.

℟ Da mihi virtutem contra hostes tuos.

Vierge incomparable, douce entre toutes les vierges, délivrez-nous du péché, rendez-nous doux et chastes.

Faites que notre vie soit pure, notre route sans danger : afin qu'il nous soit donné de jouir à jamais avec vous de la vue de Jésus.

Louange et gloire à Dieu le Père, à Jésus-Christ Notre-Seigneur et au Saint-Esprit : honneur égal et unique aux trois personnes divines. Ainsi soit-il.

℣ Permettez, Vierge sainte, que je célèbre vos louanges.

℟ Donnez-moi la force pour résister à vos ennemis.

A Magnificat :

Ant. Beatam me dicent omnes generationes, quia ancillam humilem respexit Deus.

Oremus.

Concede nos famulos tuos, quæsumus, Domine Deus,

Oraison.

Accordez à vos serviteurs, nous vous en prions, Seigneur, de jouir de la santé de l'âme et du corps, et, par l'intercession glorieuse de la bienheureuse Marie, toujours vierge, d'être délivrés de la tristesse de la vie présente et de goûter la joie éternelle. Par J.-C. N.-S. Ainsi soit-il.

Bénissons le Seigneur.

Rendons grâces à Dieu.

Que les âmes des fidèles défunts reposent en paix par la miséricorde divine.

Ainsi soit-il.

Notre Père...

℣ Que le Seigneur nous donne sa paix;

℟ Avec la vie éternelle. Ainsi soit-il.

perpetua mentis et corporis sanitate gaudere, et gloriosæ beatæ Mariæ semper virginis intercessione a præsenti liberari tristitia, et æterna perfrui lætitia. Per Christum Dominum nostrum.

Amen.

Benedicamus Domino.

Deo gratias.

Fidelium animæ per misericordiam Dei requiescant in pace.

Amen.

Pater noster...

℣ Dominus det nobis suam pacem,

℟ Et vitam æternam.

Amen.

ANTIENNES A LA SAINTE VIERGE

De l'Avent à la Purification.

Alma Redemptoris Mater, quæ pervia cœli porta manes, et stella maris, succurre cadenti, surgere qui curat, populo; tu quæ genuisti, natura mirante, tuum sanctum Genitorem; virgo prius ac posterius, Gabrielis ab ore sumens illud ave, peccatorum miserere.

Mère auguste du Rédempteur, porte du ciel toujours ouverte, étoile de la mer, secourez un peuple qui succombe, mais qui désire se relever. Vous qui, par un prodige qui a étonné la nature. avez, à la parole de Gabriel et demeurant toujours vierge, enfanté le Dieu saint qui vous donna l'être, ayez pitié des pécheurs.

℣ Angelus Domini nuntiavit Mariæ;

℣ L'ange du Seigneur l'annonça à Marie;

℟ Et concepit de Spiritu sancto.

℟ Et elle a conçu par l'opération du Saint-Esprit.

Oremus.

Gratiam tuam,

Oraison.

Répandez, nous vous

en supplions, Seigneur, votre grâce dans nos âmes, afin qu'ayant connu par le ministère de l'ange l'incarnation de votre Fils, nous soyons conduits par sa croix et par sa passion à la gloire de sa résurrection. Nous vous en prions par le même Jésus-Christ Notre-Seigneur. Ainsi soit-il.

quæsumus, Domine, mentibus nostris infunde, ut qui, angelo nuntiante, Christi filii tui incarnationem cognovimus, per passionem ejus et crucem ad resurrectionis gloriam perducamur. Per eumdem Christum Dominum nostrum.

Amen.

Depuis les I^{res} Vêpres de la Nativité de Jésus-Christ jusqu'à la Purification.

℣ Après votre enfantement vous êtes restée vierge sans tache.

℟ Mère de Dieu, intercédez pour nous.

℣ Post partum virgo inviolata permansisti.

℟ Dei genitrix, intercede pro nobis.

Oraison.

O Dieu qui, par la virginité féconde de la bienheureuse Vierge Marie, avez donné au genre humain un gage du salut éternel, faites, nous vous en conjurons,

Oremus.

Deus qui salutis æternæ, beatæ Mariæ virginale fœcunda, humano generi præmia præstitisti, tribue, quæsumus, ut ipsam pro nobis intercedere

sentiamus, per quam meruimus auctorem vitæ suscipere Dominum nostrum Jesum Christum Filium tuum.
Amen.

que nous ressentions l'intercession de celle par qui nous avons reçu l'auteur de la vie, Notre-Seigneur Jésus-Christ, votre Fils. Ainsi soit-il.

De la Purification à Pâques.

Ave, Regina cœlorum,
Ave, Domina Angelorum.
Salve, radix ; salve, porta,
Ex qua mundo lux est orta.
Gaude, Virgo gloriosa,
Super omnes speciosa.
Vale, o valde decora,
Et pro nobis Christum exora.

℣ Dignare me laudare te, Virgo sacrata.
℟ Da mihi virtutem contra hostes tuos.

Je vous salue, Reine des cieux ; je vous salue, maîtresse des anges ; je vous salue, racine sacrée, je vous salue, porte sainte par laquelle la lumière est venue éclairer le monde. Réjouissez-vous, Vierge illustre et glorieuse, qui surpassez en beauté toutes les vierges. Recevez mon salut, vous qui êtes toute belle, et implorez pour nous Jésus-Christ.

℣ Daignez agréer mes louanges, Vierge sacrée.
℟ Donnez-moi la force contre vos ennemis.

Oraison.

O Dieu de miséricorde, accordez à notre fragilité le secours de votre grâce, et faites qu'honorant la mémoire de la sainte Mère de Dieu, nous nous retirions de nos péchés par son intercession. Par J.-C. N.-S. Ainsi soit-il.

Oremus.

Concede, misericors Deus, fragilitati nostræ præsidium, ut qui sanctæ Dei Genitricis memoriam agimus, intercessionis ejus auxilio a nostris iniquitalibus resurgamur. Per Christum Dominum nostrum. Amen.

- De Pâques à la Trinité.

Reine du ciel, réjouissez-vous, louez Dieu, parce que Celui que vous avez mérité de porter dans vos entrailles est ressuscité comme il l'avait dit. Priez pour nous. Alleluia.

℣ Tressaillez de joie, Vierge Marie ;

℟ Car le Seigneur est vraiment ressuscité.

Regina cœli, lætare, alleluia,

Quia quem meruisti portare, alleluia,

Resurrexit sicut dixit, alleluia.

Ora pro nobis Deum, alleluia.

℣ Gaude et lætare, Virgo Maria, alleluia ;

℟ Quia surrexit Dominus vere, alleluia.

Oraison.

O Dieu qui, par la

Oremus.

Deus qui per resurrectionem Filii tui Domini nostri Jesu Christi mundum lætificare dignatus es, præsta, quæsumus, ut per ejus Genitricem Virginem Mariam perpetuæ capiamus gaudia vitæ. Per eumdem Christum Dominum nostrum. Amen.

résurrection de votre Fils Notre-Seigneur Jésus-Christ, avez daigné rendre la joie au monde, nous vous en supplions par l'intercession de la Vierge Marie, sa Mère, faites-nous goûter les joies de la vie éternelle. Par le même Notre-Seigneur. Ainsi soit-il.

De la Trinité à l'Avent.

Salve, Regina, Mater misericordiæ; vita, dulcedo et spes nostra, salve. Ad te clamamus, exsules, filii Evæ. Ad te suspiramus, gementes et flentes in hac lacrymarum valle. Eia ergo, advocata nostra, illos tuos misericordes oculos ad nos converte. Et Jesum, benedictum fructum ventris tui, nobis post hoc exilium ostende; o clemens, o

Nous vous saluons, Reine du ciel, Mère du Dieu de miséricorde; qui êtes notre vie, notre douceur, notre espérance, nous vous saluons. Nous élevons nos voix vers vous, comme de pauvres exilés et de malheureux enfants d'Eve; nous poussons vers vous nos soupirs, gémissant et pleurant dans cette vallée de larmes. Soyez donc, s'il vous plaît, notre avocate; jetez sur nous des regards favorables. Et, après que nous serons sortis de ce lieu de bannissement, obtenez-nous, Vierge Marie, pleine de tendresse pour les hommes, obtenez-nous de voir Jésus-Christ, le fruit de votre sein.

℣ Priez pour nous, sainte Mère de Dieu;

℟ Afin que nous soyons dignes des promesses de Jésus-Christ.

pia, o dulcis **Virgo** Maria.

℣ Ora pro nobis, sancta Dei Genitrix;

℟ Ut digni efficiamur promissionibus Christi.

Oraison.

O Dieu qui avez préparé le corps et l'âme de la glorieuse Marie vierge et mère, pour en faire une demeure digne de votre Fils, accordez-nous, par la puissante intercession de Celle dont nous célébrons la mémoire, d'être préservés des maux présents et de la mort éternelle. Par le même Jésus-Christ Notre-Seigneur.

Ainsi soit-il.

℣ Que le secours de

Oremus.

Omnipotens sempiterne Deus, qui gloriosæ Virginis Matris Mariæ corpus et animam, ut dignum Filii tui habitaculum effici mereatur, Spiritu sancto cooperante, præparasti, da, ut cujus commemorationc lætamur, ejus pia intercessione ab instantibus malis et a morte perpetua liberemur. Per eumdem Christum Dominum nostrum. Amen.

℣ Divinum auxilium maneat semper nobiscum.

℞ Amen.

Dieu demeure toujours avec nous.

℞ Ainsi soit-il.

PROSE EN L'HONNEUR DE MARIE.

Inviolata, integra et casta es, Maria; quæ es effecta fulgida cœli porta.

O Marie, vous êtes toujours pure et chaste, vous qui êtes devenue la brillante porte du ciel.

O Mater alma Christi carissima, suscipe pia laudum præconia.

O Mère féconde et chérie de Jésus, recevez nos pieux cantiques de louanges.

Nostra ut pura pectora sint et corpora.

Que nos âmes et nos corps soient purs.

Te nunc flagitant devota corda et ora.

Nos cœurs et nos bouches vous le demandent instamment.

Tua per precata dulcisona nobis impetres veniam per sæcula.

Par vos douces prières obtenez-nous le pardon pour l'éternité.

O benigna! o regina! o Maria! quæ sola inviolata permansisti.

O bonne Mère! ô notre Reine! ô Marie! qui seule êtes restée sans souillure.

ORAISONS JACULATOIRES.

Jésus, Marie, Joseph, je vous donne mon cœur et mon âme.

Jésus, Marie, Joseph, secourez-moi à l'heure de ma mort.

Jésus, Marie, Joseph, faites que je vive et que je meure avec vous.

Cent jours d'indulgences, applicables aux âmes du Purgatoire, pour chacune de ces prières. (PIE VII.)

LE CHEMIN DE LA CROIX

AVEC MARIE

———— ✦ ————

PRIÈRE PRÉPARATOIRE.

O Crux, ave, spes unica, Mundi salus et gloria, Auge piis justitiam, Reisque dona veniam.	Salut, ô croix, unique espoir, la gloire et le salut du monde ; des bons augmente la vertu, des méchants obtiens le pardon.

O Marie, qui, la première, avez marché sur les pas de Jésus dans le chemin de la croix ; qui, après sa mort, trouviez votre plus douce consolation à parcourir les lieux témoins de sa passion, obtenez-moi la grâce d'en faire en ce moment les stations

avec une véritable componction de
cœur et les sentiments d'une sincère
contrition, à la vue de toutes les
souffrances qu'a endurées votre divin
Fils pour l'expiation de mes péchés.

O sainte Mère! obtenez-moi de planter l'arbre de la croix au plus profond de mon cœur.

Sancta Mater, istud agas :
Crucifixi fige plagas
Cordi meo valide.

Première station.

℣ Nous vous adorons, ô Jésus, et nous vous bénissons ;

℟ Parce que vous avez racheté le monde par votre croix.

℣ Adoramus te, Christe, et benedicimus tibi ;

℟ Quia per sanctam crucem tuam redemisti mundum.

JÉSUS EST CONDAMNÉ A MORT.

Combien grande dut être votre douleur, ô Marie, quand vous apprîtes
l'injuste sentence prononcée contre

votre divin Fils ! Pour s'en faire une idée, ne faudrait-il pas connaître votre cœur et l'étendue de votre amour ? Et cependant ce sont mes péchés qui sont la cause de votre affliction, puisqu'ils ont conduit Jésus à la mort. O bonne Mère, obtenez-moi la grâce de les détester de tout mon cœur, afin de mériter pardon et miséricorde.

Pater... Ave... Gloria Patri...

℣ Miserere nostri, Domine.

℟ Miserere nostri.

℣ Fidelium animæ per misericordiam Dei requiescant in pace.

℟ Amen.

Sancta Mater, istud agas.

Notre Père... Je vous salue...Gloire au Père...

℣ Ayez pitié de nous, Seigneur.

℟ Ayez pitié de nous.

℣ Que les âmes des fidèles reposent en paix par la miséricorde de Dieu.

℟ Ainsi soit-il.

O sainte Mère...

Deuxième station.

℣ Nous vous ado-
rons...

℣ Adoramus te...

JÉSUS EST CHARGÉ DE SA CROIX.

Eh quoi ! n'était-ce pas assez faire souffrir votre cœur, ô Marie, que de condamner si injustement votre Jésus, la justice par excellence ? Par un reste de pitié que la nature garde pour les plus grands criminels, on épargne à ceux-ci la vue de l'instrument de leur supplice : il n'y aura donc que pour votre adorable Fils qu'on aura recours à un raffinement de cruauté inconnu aux barbares ! O mon âme, contemple ce spectacle déchirant ; mais ne te borne pas à verser des larmes stériles, sans y mêler le baume de la consolation que donnera ton repentir à Jésus et à Marie.

Pater... Ave... | Notre Père... Je vous salue...

(Comme après la première station.)

Troisième station.

℣ Adoramus te... | ℣ Nous vous adorons...

JÉSUS TOMBE SOUS LE POIDS DE SA CROIX.

Quand Marie sut que Jésus allait être crucifié et qu'on le conduisait au Calvaire, elle déclara aux amis qui l'entouraient pour la consoler, qu'elle voulait le suivre et mourir, s'il en était besoin, avec lui. Mais, avant qu'elle pût atteindre le funèbre cortège, elle aperçut son divin Fils, portant sa croix, marchant entre deux

scélérats, au milieu d'une cohue d'in-
sulteurs et d'assassins qui l'accablaient
d'injures ; elle le vit sanglant, épuisé,
succombant à la fatigue et tombant
dans le chemin sous le poids de sa
lourde croix. Quel spectacle pour ses
yeux maternels ! O Marie, je vous en
conjure au nom de cette nouvelle
souffrance, mettez au dedans de mon
cœur une vive horreur pour le péché.

| Notre Père... Je vous salue... | Pater... Ave... |

Quatrième station.

| ℣ Nous vous ado-rons... | ℣ Adoramus te... |

JÉSUS RENCONTRE SA TRÈS SAINTE MÈRE.

Arrête-toi, ô mon âme, à considé-
rer un instant avec compassion la dou-

loureuse rencontre de Jésus et de Marie. Vois ces regards attendrissants échangés entre la Mère et le Fils. Vois ce doux sourire par lequel ce bon Fils s'efforce de tempérer l'affliction de sa Mère chérie, et pense que c'est pour ton salut qu'il consent à une si cruelle séparation.

Pater... Ave ..	Notre Père... Je vous salue...

Cinquième station.

℣ Adoramus te...	℣ Nous vous adorons...

SIMON LE CYRÉNÉEN AIDE JÉSUS A PORTER SA CROIX.

A la vue des souffrances de Jésus, le cœur de Marie est percé de mille glaives et livré à toutes les angoisses;

elle voudrait le délivrer, l'arracher des mains de ses bourreaux. Ah! si elle eût été libre, non seulement de l'aider à porter sa croix, mais encore d'y mourir à sa place, avec quel empressement elle se fût immolée pour le Sauveur! Dieu voulait que la Mère et le Fils souffrissent ensemble et que les larmes de Marie se mêlassent au sang divin pour laver les souillures du monde, pour nous donner un puissant motif de vénérer la Mère en adorant le Fils, et de les réunir dans une éternelle reconnaissance.

Notre Père... Je vous salue... | Pater... Ave...

Sixième station.

℣ Adoramus te... | ℣ Nous vous adorons....

UNE FEMME PIEUSE ESSUIE LA FACE DU SAUVEUR.

Jésus gravissait lentement le Calvaire ; son visage était tellement couvert de sueur et de sang, qu'on avait de la peine à en distinguer les traits. Un spectacle si navrant touche de pitié une femme du peuple ; elle détache le voile qu'elle porte sur la tête, et, le tenant à la main, perce la foule et s'avance respectueusement vers notre divin Sauveur, pour le soulager, du moins autant qu'il dépend d'elle, en lui essuyant le visage. O Marie, voici le premier témoignage de compassion donné à votre divin Fils dans le cours

de la voie douloureuse qu'il parcourt !
Combien il dut être sensible à **votre**
cœur de mère ! Moi aussi, je me sens
pressé de témoigner ma compassion à
Jésus. Que puis-je mieux faire que de
lui promettre de garder toujours au
plus profond de mon. cœur lë souvenir de ses souffrances et de son amour !

Notre Père... Je vous salue...	Pater... Ave...

Septième station.

℣ Nous vous ado-rons...	℣ Adoramus te...

JÉSUS TOMBE POUR LA SECONDE FOIS.

Le chemin du Calvaire est pénible ;
les forces de Jésus lui-même, trahis-
sant son courage, cèdent de nouveau
au poids dū fardeau qui l'accable.

Vous étiez là, ô Marie ! Saint Jean et les saintes femmes s'empressaient autour de vous, pleuraient avec vous et s'efforçaient d'adoucir vos poignantes angoisses en les partageant. Mais comment consoler une telle Mère en face de la croix de son Fils ! Arrête-toi ici, ô mon âme, et écoute le cri de ta Mère dont on tue l'enfant bien-aimé, dont on déchire les entrailles, dont on brise le cœur !

| Pater... Ave... | Notre Père... Je vous salue... |

Huitième station.

| ℣ Adoramus te... | ℣ Nous vous adorons... |

JÉSUS CONSOLE LES FEMMES D'ISRAEL
QUI LE SUIVENT.

La sainte Vierge suivit jusqu'au

Calvaire le funèbre cortège qui conduisait son divin Fils à la mort. Chaque pas qu'elle faisait était pour elle
une nouvelle souffrance ; et il nous est
bien permis d'attribuer à sa désola-
tion non moins qu'au triste état de
Jésus la compassion de ces femmes
israélites qui pleuraient et se lamen-
taient avec de grands gémissements.
O Marie, puisque votre divin Fils,
consolant ces pieuses femmes, m'apprend que le meilleur moyen de prendre part à sa douleur et à la vôtre est
de pleurer mes fautes, obtenez-moi la
grâce de ne plus jamais retomber dans
le péché.

Notre Père... Je vous salue... | Pater... Ave...

Neuvième station.

℣ Adoramus te... | ℣ Nous vous adorons...

JÉSUS TOMBE POUR LA TROISIÈME FOIS.

Arrivé au sommet du Calvaire, Marie voit le lieu où va se consommer le sacrifice ; elle voit les instruments du supplice ; elle entend les paroles d'espérance et de félicitation que s'adressent les ennemis de Jésus ; elle voit Jésus lui-même accablé de lassitude et de douleur, abreuvé d'outrages et d'insultes, succomber une troisième fois sous le poids de sa croix. O glaive prédit par Siméon ! c'est ici que vous avez transpercé ce cœur virginal et maternel ! Qui me dira la plaie que vous lui avez faite ! Qui me révélera ces profonds mystères de douleur !

O Marie, que ne m'était-il donné **de**
vous arracher avec votre divin Fils à
cette scène de deuil et de souffrances !

Notre Père... Je vous | Pater... Ave...
salue...

Dixième station.

ỳ Nous vous ado- | ỳ Adoramus te....
rons...

JÉSUS EST DÉPOUILLÉ DE SES VÊTEMENTS.

Lorsque la troupe déicide fut arri-
vée au lieu du supplice, les bourreaux
s'arrêtèrent, et la foule avide de sang
les entoura pour repaître ses yeux de
ce cruel spectacle. Marie et ses amis
se tinrent à quelque distance, regar-
dant et écoutant avec une douloureuse
anxiété. O Mère désolée, vous enten-
diez les discours blasphémateurs de
ce peuple égaré ! Quel spectacle s'of-

frit à vos yeux quand on eut arraché avec effort, et peut-être avec violence, cette robe qui s'était collée aux plaies innombrables du corps de votre Jésus, déchiré dans la flagellation !

Considère, ô mon âme, quel tourment dut éprouver la Vierge sans tache, en voyant son Fils, la pureté même, dépouillé de ses vêtements et ainsi exposé à cette foule insensée.

Pater... Ave...	Notre Père... Je vous salue...

Onzième station.

℣ Adoramus te...	℣ Nous vous adorons...

JÉSUS EST ATTACHÉ A LA CROIX.

Aussitôt qu'ils l'eurent dépouillé de ses vêtements, les bourreaux se saisirent de notre divin Sauveur et l'é-

tendirent sur la croix. Vous entendî-
tes, ô Marie, les coups de marteau
qui enfonçaient les terribles clous
dans les pieds et les mains de l'inno-
cent Agneau, et peut-être les gémissements qui s'échappaient de sa poi-
trine ; votre cœur en fut brisé. Puis
vos yeux aperçurent au-dessus de la
foule satisfaite le corps sanglant de
Jésus, et un torrent de larmes vous
voila pour un instant ce navrant spectacle. Comment, ô la plus tendre des
mères, pûtes-vous supporter l'excès
de votre douleur ! Ah ! c'est que vous
aviez une âme supérieure à tous les
coups de l'adversité, et voilà pourquoi,
avec votre divin Fils, vous disiez à
Dieu : Mon Père, pardonnez-leur ;
car ils ne savent ce qu'ils font.

Notre Père... Je vous salue...   Pater... Ave...

Douzième station.

℣ Adoramus te... | ℣ Nous vous adorons...

JÉSUS MEURT SUR LA CROIX.

Que dire encore de vos angoisses, ô
Marie, quand arriva le moment suprême, lorsque du haut de la croix,
Jésus, tournant vers vous un regard
mourant et éteint, vous dit : O vous
que je ne puis plus appeler du nom
de mère, femme, voilà votre fils ; vous
ne pouvez plus me . donner ce nom,
voilà votre fils ; vous l'adopterez et
avec lui tous ceux que je sauve en
mourant. Ces dernières paroles de
Jésus, ce dernier regard, cette dernière tendresse de son cœur, entrè-
rent dans le vôtre comme un glaive,

s'y gravèrent en caractères sanglants
et portèrent jusqu'au fond de votre
âme, avec une excessive douleur, un
amour tout divin, un amour de mère
pour nous. O Marie, puisque vous
m'avez été donnée pour mère au pied
de la croix, daignez recevoir l'enfant
de vos souffrances ; il vient se donner
à vous et sollicite de votre tendresse
maternelle la grâce de vivre en parfait
enfant d'adoption et de mourir en
prononçant, comme votre divin Fils,
ces consolantes paroles : Mon Père,
je remets mon âme entre vos mains.

Notre Père... Je vous salue...

Pater... Ave...

Treizième station.

℣ Adoramus te... ℣ Nous vous adorons...

JÉSUS EST DÉTACHÉ DE LA CROIX.

Quand on l'eut détaché de la croix, l'auguste mère reçut dans ses bras le corps de son Fils bien-aimé et couvrit son visage de ses baisers. Elle s'assit à terre, et appuyant sur ses genoux cette tête chérie, que les épines avaient ensanglantée, elle remit les cheveux à leur place, examina l'étendue des plaies, essuya le sang qui en avait coulé, et contempla dans le silence d'une incomparable douleur ces traits que la mort avait altérés, mais qui lui rappelaient tant d'amour et tant de grandeur d'âme. Dans cet abîme de souffrance, ô Marie, vous étiez pourtant parfaitement résignée. Pas un mot de votre bouche, pas un soupir de votre cœur, pas un mouvement de votre âme ne fut un murmure. Vous étiez humblement soumise à la volonté de Dieu et priiez pour nous. Admirable leçon de patience et d'amour que vous laissez à vos enfants ! Puissé-je ne l'oublier jamais !

Notre Père... Je vous salue...	Pater... Ave...

Quatorzième station.

℣ Adoramus te... | ℣ Nous vous adorons...

JÉSUS EST MIS DANS LE SÉPULCRE.

O Vierge sainte, ô la plus tendre des mères, combien votre cœur fut encore une fois déchiré, quand les restes de Jésus disparurent à vos yeux et quand il fallut vous éloigner de ces tristes lieux ! Car vous y laissiez Celui que vous aimiez par-dessus tout, comme fils et comme Dieu. O Marie, puisque, dans cette scène déchirante, je suis moi-même le coupable, laissez-moi pleurer avec vous ; si je n'ai point été étranger à votre calice d'amertume, j'ai le doux espoir que mon repentir ne rendra pas inutiles les larmes que vous avez mêlées au sang de votre aimable Fils. O bonne Mère, n'oubliez point que c'est au pied de la croix, tout arrosée du sang de Jésus, que vous m'avez adopté pour votre enfant ; c'est au pied de cette même croix que je viens vous prier de m'accorder toujours un refuge dans votre sein maternel.

Notre Père... Je vous salue... Gloire...

Pater... Ave... Gloria...

Cinq Pater... Ave... et Gloria... en l'honneur des cinq plaies de Notre-Seigneur.

Pater... Ave... à l'intention de notre saint-père le Pape.

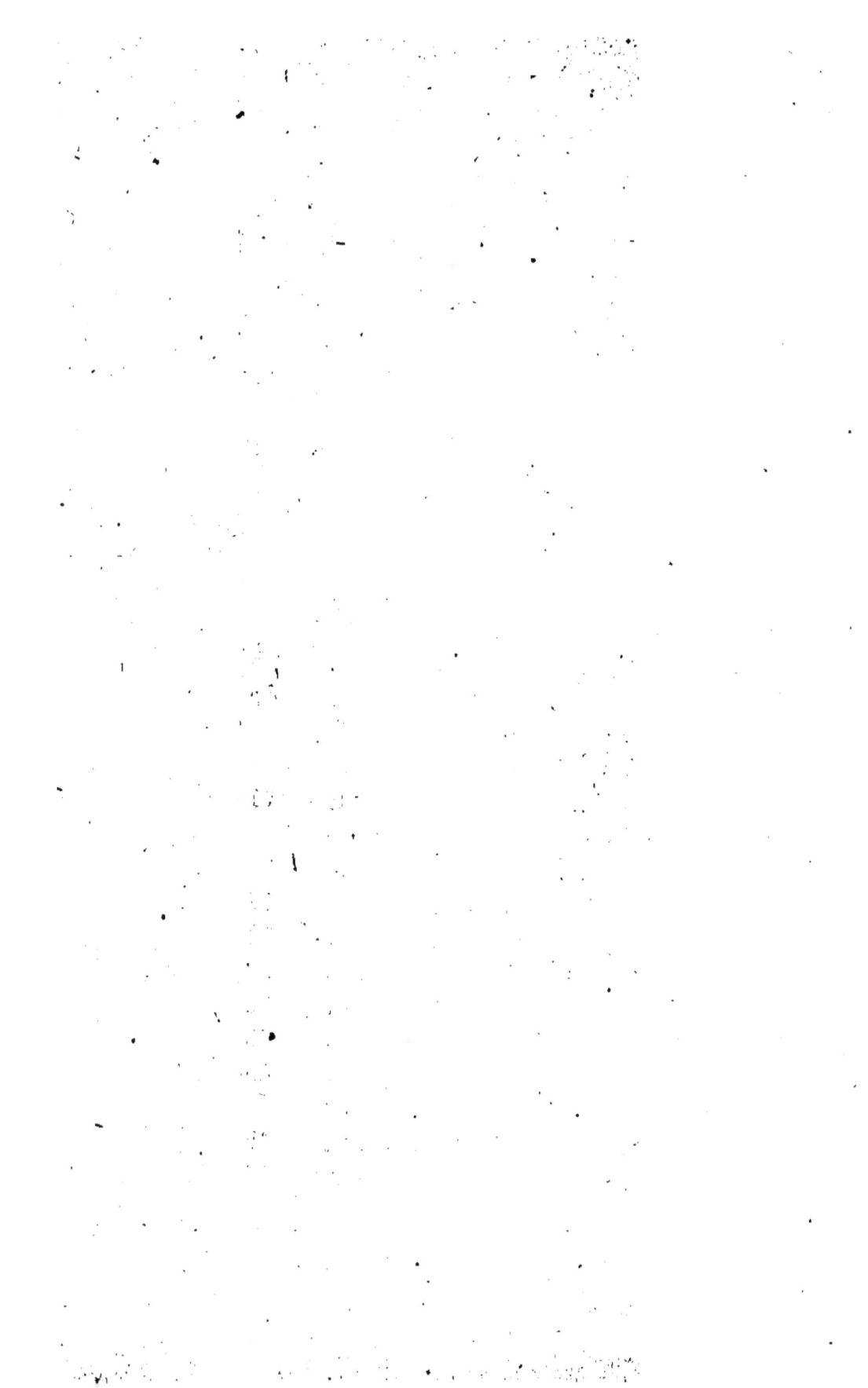

TABLE DES MATIÈRES.

BESANÇON, IMP. P. JACQUIN.

www.ingramcontent.com/pod-product-compliance
Lightning Source LLC
Chambersburg PA
CBHW050025100426
42739CB00011B/2784

9 782011 285423